Não há relação sexual

Transmissão da Psicanálise
diretor: Marco Antonio Coutinho Jorge

Alain Badiou e Barbara Cassin

Não há relação sexual

Duas lições sobre "O aturdito" de Lacan

Tradução:
Claudia Berliner

Revisão técnica:
Felipe Castelo Branco
*Programa de Pós-graduação em Psicanálise,
Instituto de Psicologia/Uerj*

ZAHAR

Cet ouvrage, publié dans le cadre du Programme d'Aide à la Publication 2012 Carlos Drummond de Andrade de la Médiathèque de la Maison de France, bénéficie du soutien du Ministère français des Affaires Etrangères et Européennes.

Este livro, publicado no âmbito do Programa de Apoio à Publicação 2012 Carlos Drummond de Andrade da Mediateca da Maison de France, contou com o apoio do Ministério francês das Relações Exteriores e Europeias.

Liberté • Égalité • Fraternité
RÉPUBLIQUE FRANÇAISE

MÉDIATHÈQUE
MaisondeFrance

Grafia atualizada segundo o Acordo Ortográfico da Língua Portuguesa de 1990, que entrou em vigor no Brasil em 2009.

Título original
Il n'y a pas de rapport sexuel (Deux leçons sur "L'Étourdit" de Lacan)

Tradução autorizada da primeira edição francesa, publicada em 2010 por Librairie Arthème Fayard, de Paris, França

Capa
Sérgio Campante

Revisão
Tamara Sender
Vania Santiago

CIP-Brasil. Catalogação na fonte
Sindicato Nacional dos Editores de Livros, RJ

B126n

Badiou, Alain, 1937-
Não há relação sexual: duas lições sobre "o aturdito" de Lacan / Alain Badiou e Barbara Cassin; tradução Claudia Berliner. – 1ª ed. – Rio de Janeiro: Zahar, 2013.
(Transmissão da Psicanálise)

Tradução de: Il n'y a pas de rapport sexuel (Deux leçons sur "L'Étourdit" de Lacan)
ISBN 978-85-378-1042-2

1. Lacan, Jacques, 1901-1981. 2. Psicanálise. I. Cassin, Barbara, 1947-. II. Título. III. Série.

13-0359

CDD: 150.195
CDU: 159.964.2

EDITORA SCHWARCZ S.A.
Praça Floriano, 19, sala 3001 – Cinelândia
20031-050 – Rio de Janeiro – RJ
Telefone: (21) 3993-7510
www.companhiadasletras.com.br
www.blogdacompanhia.com.br
facebook.com/editorazahar
instagram.com/editorazahar
twitter.com/editorazahar

Sumário

De todos os textos de Lacan, "O aturdito", publicado em 1973 no número 4 da revista *Scilicet* e reeditado em 2001 pela editora Seuil no volume *Autres écrits*,* é geralmente tido por um dos mais obscuros, o que não é pouco, conhecendo-se a reputação de gongorismo que seu autor carrega há tempos.

Acontece que esse texto sintetiza muitos dos aspectos mais importantes, mas também, de fato, mais difíceis ou mais paradoxais do pensamento de Lacan, tal como se estabelecia de forma decisiva naquele começo da década de 1970. Lembremos que o Seminário do ano letivo de 1972-73, intitulado *Mais, ainda*, é aquele em que abundam as doutrinas e as fórmulas que conferiram, então, prestígio a Lacan: a teoria dos quatro discursos (o Mestre, a Histérica, o Universitário e o Analista), "o amor é o que vem em suplência à ausência da relação sexual", "a mulher não existe", "a linguagem é uma elucubração de saber sobre lalíngua" etc.

Todos esses temas e alguns outros encontram-se de forma extremamente compacta em "O aturdito". Portanto, não se trata, absolutamente, de propor comentários exaus-

* J. Lacan, *Outros escritos*, Rio de Janeiro, Zahar, 2003. (N.T.)

tivos acerca desse texto, nem de acrescentar alguma interpretação às inúmeras já feitas sobre ele nos últimos 25 anos.

O que propomos neste breve livro é de natureza totalmente diferente. Trata-se de pensar "com" esse texto, por meio dele, por entalhe e extração, sobre questões que lhe são caras: a questão da linguagem e da crítica da ontologia na sua relação constituinte e sexuada com a escrita, para Barbara Cassin, e a questão das difíceis relações entre psicanálise e filosofia, para Alain Badiou.

Em ambos os textos, como veremos, trata-se de uma relação de três termos: linguagem, sexo e fixão em um; verdade, sexo e saber no outro.

Nesses dois estudos, ou leituras, ou penetrações, feitos por uma mulher num caso e por um homem no outro (observação importante), a questão central é mesmo o saber, considerado por uma a partir de sua relação íntima com as coisas da língua e, por outro, a partir do que a filosofia pretende poder dizer no tocante à verdade.

De tal modo que, a respeito de "O aturdito" de Lacan, da teoria moderna da sexuação e dos paradoxos da linguagem e do inconsciente, o filósofo poderá dizer, em todo caso, que assistimos a uma nova confrontação, ou a uma nova partição, entre a masculinidade de Platão e a feminilidade da sofística.

Alain Badiou e Barbara Cassin

O ab-senso ou Lacan de A a D

– Barbara Cassin –

> "O psicanalista é a presença do sofista na nossa época, mas com outro estatuto."
>
> Jacques Lacan, *O Seminário*, livro 12, *Problemas cruciais para a psicanálise*, aula de 12 mai 1965

> "HIHANAPPÂT."
>
> Jacques Lacan, *O Seminário*, livro 19a (inédito), *O Saber do psicanalista*, aula de 1º jun 1972

> "Então vamos, e que os Céus prósperos Nos deem filhos de quem sejamos os pais."
>
> Molière, *O aturdido*, ato V, cena XI

"O aturdito", texto em francês, e até mesmo em sobrefrancês ou metafrancês, portador de uma posição quanto à fala, à interpretação e ao sentido, é, a meu ver, o único texto que escapa do aristotelismo, em todo caso, aquele que, de todos os textos contemporâneos, contém em si a maior quantidade de chances de escapar. E isso por ele ser não antiaristotélico (o que, assim como um contratorpedeiro sendo em primeiro lugar e antes de mais nada um torpedeiro, não mudaria em nada a questão), mas ativamente anaristotélico, pós-aristotélico e, muito precisamente: ab-aristotélico. É o texto que consegue se liberar do *De interpretatione* e do livro *Gama* da *Metafísica*.

Lacan de A, de Aristóteles, a D, de Demócrito.

A de Aristóteles, porque Aristóteles é o intruso filosófico mais constante de Lacan, e um dos intrusos filosóficos mais constantes desse texto filosoficamente ilegível que é "O aturdito".

O primeiro sintoma disso é que o nome de Aristóteles bordeja o centro de "O aturdito", a saber, o que a Esfinge conta, única passagem entre aspas e na qual, além do título, aparece o termo *aturdito*. Não que eu entenda as frases, mas o nome próprio "Aristóteles", que aflora por toda parte, está visível justo antes do enigma do *nãotodo*:

> Isso que deve ser entendido não no sentido que, por reduzir nossos quantificadores à sua leitura segundo Aristóteles, igualaria o *nãoexisteum* [*nexistun*] ao *nenhumé* [*nulnest*] de sua universal negativa, e faria voltar o *mê pantes*, o *nãotodo* (que ele soube formular, no entanto), atestando a existência de um sujeito a dizer não à função fálica, a supô-lo pela contrariedade dita de duas particulares.[1]

E o nome ressurge, pouco depois da satisfação da Esfinge pítica – "Tu me satisfizeste, thomenzinho" –, com Lacan dizendo:

> Agradou-me destacar que Aristóteles curvou-se a isso, curiosamente, por nos fornecer os termos que retomo de outro arrazoado. Mas, não teria isso despertado seu interesse se ele orientasse seu Mundo pelo *nãotodo*, negando o universal? A existência, do mesmo modo, não mais se estiolava pela particularidade, e para Alexandre, seu senhor, o aviso poderia ser útil: se é por um ab-senso como-não-um, através da qual se negaria o universo, que se furta o *nãotodo* que ex-siste, ele teria rido – e antes de todos, cabe dizer – de seu projeto de "imp(er)iorar" [*empirer*] o universo.[2]

Aristóteles figura aí entre o universal e o riso, com um ab-senso como hipótese. Aristóteles é o Outro de Lacan, o Outro do Lacan de "O aturdito", que bem poderá, no momento oportuno, cair feito um cocô de mosca.

D, de Demócrito, pois Demócrito é o ponto de chegada de "O aturdito", sua escapada final com a "piada sobre o *meden*". Demócrito é grosso modo o primeiro/o único na Antiguidade não só a ter escrito o significante, mas a tê-lo escrito em conexão com a negação, como Lacan faz em "O aturdito":

> Mas, ao *rirmos* disso, a língua a que sirvo se veria refazendo a piada de Demócrito sobre o *meden*: – ao extraí-lo, pela queda do *me* da (negação), do nada que parece invocá-lo, como faz nossa banda consigo mesma em seu socorro.
>
> Demócrito, com efeito, presenteou-nos com o *atomos* do real radical, ao elidir o "não", *me*, mas em sua subjuntividade,

ou seja, no modal cuja consideração a demanda refaz. Com o que o *den* foi realmente o passageiro clandestino cuja morte [*clam*] cria agora nosso destino.

Não mais materialista nisso do que qualquer pessoa sensata, eu ou Marx, por exemplo. Quanto a Freud, eu não juraria: quem sabe a semente de palavras extasiadas que pode ter brotado em sua alma a partir de um país em que a Cabala progredia?[3]

De Aristóteles a Demócrito, portanto, o nó grego entre ambos é violento, corrediço no sentido de estrangulador. Se o *den* é "passageiro clandestino", é porque Aristóteles lhe vetou a primeira ponte – o jogo aberto da "filosofia" – e o mandou tomar banho por meio de uma tradução radical que anexa a operação de Demócrito à física, ao sentido e à verdade.

Ab-negação, portanto, por significante, corte, letra, riso, tudo pelo real, "Demócrito ria de tudo", *egela panta*, dizia Hipólito:[4] é o bom aliado tanto do aturdito quanto da interpretação psicanalítica.

*

Comecemos por A.

Em *O Saber do psicanalista*, na aula de 1º de junho de 1972, portanto na mesma época, eis como Lacan fala a respeito:

> Leiam a *Metafísica* de Aristóteles e espero que, como eu, vocês sintam que é uma tremenda besteira.[5] Três ou quatro séculos

depois de Aristóteles começou-se a lançar dúvidas, as mais sérias, naturalmente, sobre esse texto porque ainda se sabia ler … . Devo dizer que Michelet não concorda com isso e eu tampouco porque, realmente, como posso dizer, a besteira dá provas da autenticidade, seja lá o que for que se escreva, se me permitem dizer, de sensato, ou seja, que tenha relação com o real. … *Aristóteles se interroga sobre o princípio. Naturalmente, ele não tem a menor ideia de que o princípio é isto: é que não há relação sexual.*[6]

Creio firmemente que no tocante a isso estamos, para retomar o termo de Platão retomado por Heidegger, em plena gigantomaquia contemporânea. Trata-se nada mais nada menos do que mudar o princípio de todos os princípios. Passar do princípio "não existe contradição" para o princípio "não há relação sexual". É a discursividade desse novo princípio, não há relação sexual, que "O aturdito" põe em operação.

Para compreender o que está em jogo e de que modo, é preciso voltar ao princípio da não contradição tal como foi estabelecido no livro *Gama* da *Metafísica* – retorno a um trabalho passado em que devo me apoiar.[7] O enunciado inaugural do princípio da não contradição é, recordo: "É impossível o mesmo pertencer e não pertencer simultaneamente ao mesmo e segundo o mesmo." Este é "o mais seguro de todos os princípios sem exceção".[8]

Tremendamente besta.

Como é que se demonstram o princípio e o fato de que é uma besteira?

O princípio não pode ser demonstrado diretamente: não se demonstra diretamente o princípio de todos os princípios, sendo esta, inclusive, a aporia da fundamentação última, ressaltada de Aristóteles (*anagke stenai*) a Heidegger ou a Karl-Otto Apel. Desse princípio, só se pode fazer a petição – que se exploda o princípio! Mas como continua havendo mal-educados que insistem em pedir uma demonstração, Aristóteles lhes propõe uma demonstração por refutação, que os coloca em questão enquanto falam e no que quer que eles digam. Eis essa refutação:

> Pode-se, contudo, demonstrar por refutação ... que há impossibilidade *bastando para tanto que o contraditor diga algo*; e se ele nada diz, é ridículo procurar o que dizer em resposta a quem não pronuncia discurso sobre nada, na medida em que desse modo não pronuncia discurso algum; pois semelhante homem, enquanto tal, é desde o início *igual a uma planta*.[9]

Avanço um pouquinho:

> O ponto de partida, em todos os casos do gênero, não é exigir que se diga que algo é ou não é (pois alguém logo afirmaria que essa é a petição de princípio), mas que ao menos se signifique algo, tanto para si quanto para outrem, pois isso é necessário caso se diga algo. Porque para quem não significa, não haveria discurso, nem dirigido a si mesmo nem dirigido a um outro. E *se alguém aceitar significar, haverá demonstração*: pois então, com efeito, já haverá algo determinado. *Mas o*

> *responsável não é quem demonstra*, é quem sustenta o assalto, pois, ao destruir o discurso, sustenta um discurso.[10]

E algumas linhas adiante:

> Se … afirmando significássemos uma infinidade de coisas, é claro que não haveria discurso; pois *não significar uma coisa única é nada significar*, e se as palavras não significam, desaparece a possibilidade de dialogar uns com os outros e, na verdade, consigo mesmo: pois nada é possível pensar quando não se pensa nada único, e se for possível pensar algo, a esta coisa já se aplicaria uma palavra única.[11]

O que aconteceu? Como num passe de mágica, aconteceu que Aristóteles demonstrou o indemonstrável princípio da não contradição por meio de uma série de equivalências, tomadas como evidências: falar é dizer algo, dizer algo é significar algo, significar algo é significar algo que tem um sentido e só um, o mesmo para si e para os outros. Foi isso que denominei de "decisão do sentido". O princípio da não contradição se sustenta e só se sustenta assim. Está fundado na univocidade do sentido e em nenhum outro lugar, e certamente não numa intuição de tipo lógico predicativa (S não é ao mesmo tempo P e não-P) ou proposicional (se todos os S são P, então um S não é não-P). O que é impossível não é que uma substância seja sujeito de predicados contraditórios, mas que a mesma palavra simultaneamente tenha e não tenha o mesmo sentido. O sentido é a primeira entidade encontrada e encontrável que não tolera a contradição. O mundo está estruturado como a linguagem, e o ente é feito como um sentido.

O princípio que assim se sustenta o faz de forma sacana. Porque é o adversário do princípio que, porque fala, sempre já o demonstrou. Logo, sempre se lhe pode retorquir, quando ele nega o princípio, um "mas foi você que disse". E, de fato, ele tem de falar se é um homem, um animal dotado de *logos*, se é um homem e não uma planta. E a sacanagem refutativa está toda nisso, refutação não só pragmática, oportunidade após oportunidade (te peguei!), mas transcendental, imbricada nas condições de possibilidade da linguagem como definitória da humanidade do homem: fala, se fores homem.[12]

É compreensível que o adversário principial de um texto como "O aturdito" seja Aristóteles, e que a metafísica ou ciência do primeiro princípio seja algo tremendamente besta; se não fosse besta, nem mesmo posso imaginar como "O aturdito" poderia ser escrito. Para poder escrevê-lo, e para que seja legível (é legível?), é preciso mudar de equivalências.

Aristóteles ou a ontologia como regulação da linguagem	Lacan ou a psicanálise como aturdimento
Não há contradição	Não há relação sexual
Univocidade sentido = essência	Homonímia e equívoco ab-senso

Do lado da filosofia, o sentido de uma palavra, dado na definição, expressa a essência da coisa, e é por isso que não pode não haver univocidade: um "homem" é um homem. Do lado de Lacan, o sentido único, o um-sentido [*un-sens*], é um in-sentido [*in-sens*], a saber, algo privado de sentido (a homofonia* já é sempre atestado de equívoco), ou ainda: é significação, mas não sentido. Não há sentido que não seja equívoco, e isso se chama "ab-senso", escapadela para fora da norma aristotélica do sentido – norma, aliás, constitutiva da regulação perene da linguagem, tanto é que ela não cessa de retornar, nem mais nem menos que o inconsciente. "O aturdito" inscreve-se na homonímia e atesta essa homonímia inscrevendo-a na letra, ou seja, escrevendo-a: fazendo dela, desde o título "O aturdito", uma enunciação que seja tal que se possa vê-la, a maneira mais certeira de ouvi-la. Assim se cumpre, passo a passo, o esquema do *De interpretatione*, que vai até o escrito, até os *graphomena*.[13]

Por meio dessa dupla operação de equívoco e de escrita é que "O aturdito" se situa no ab-senso que ele produz.

O diálogo entre os adversários, Aristóteles e Lacan, será o seguinte:

ARISTÓTELES: Você não passa de uma planta.
LACAN: Não, um homem é isso. Mas você não passa de um animal.

* Em francês, há homofonia entre *un-sens* e *in-sens*. (N.T.)

Eis o que sublinho (com itálicos) em toda subtração:

> A linguagem, portanto, na medida em que essa espécie tem aí lugar, não surte ali outro efeito senão o da estrutura em que se motiva essa incidência do real.
>
> Tudo o que parecé, por um semblante de comunicação, é sempre sonho, lapso ou *joke*.
>
> *Nada a ver, portanto, com o que se imagina e se confirma, em muitos pontos, de uma linguagem animal.*
>
> O real, nesse caso, não deve ser afastado de uma comunicação unívoca, da qual os animais, aliás, ao nos fornecerem o modelo, nos fariam herdeiros:* exerce-se nisso uma função de código pela qual se faz a neguentropia de resultados da observação. Além disso, condutas vitais organizam-se a partir de símbolos em tudo semelhantes aos nossos (elevação de um objeto à categoria de significante do mestre na ordem do voo migratório, simbolismo da exibição, tanto amorosa quanto de combate, sinais de trabalho, demarcações do território), exceto que esses símbolos *nunca são equívocos*.
>
> *Os equívocos pelos quais se inscrevem as achegas de uma enunciação...*[14]

O equívoco está ligado à enunciação ("que se diga fica esquecido no que se diz por trás do que se ouve"** – não há

* Lacan se utiliza aqui da dupla significação possível da palavra francesa *dauphin*, ao mesmo tempo "herdeiro do rei" e "golfinho". (N.R.T.)

** Tradução do original, conforme citado pela autora: "*qu'on dise reste oublié dans ce qui se dit derrière ce qui s'entend*", que difere da citação, cf. "O aturdito", op.cit., p.448. (N.T.)

enunciação animal, hein?, e não se psicanalisa um cão, nem sequer um gato) – e não ao enunciado do sentido, a saber, do que Aristóteles estabelece como sentido e que Lacan reduz à significação. Os "símbolos" da linguagem animal nunca são equívocos; os da linguagem humana, que há nos sons da voz e, ainda mais perturbador, nas letras (na letra), o são. "Cabe aqui distinguir a ambiguidade que se inscreve pela significação, isto é, pelo fecho do corte, e a sugestão de furo, isto é, de estrutura, que dessa ambiguidade faz sentido."[15]

A ambiguidade que se inscreve pela significação não tem nenhuma importância: a prova disso é que Aristóteles sabe perfeitamente como tratá-la. É preciso e suficiente desambiguizar, o que é sempre factível quando se distingue entre os sentidos (no sentido de Aristóteles) e se propõem várias palavras em vez de uma só: "Nada muda quando se afirma que 'homem' tem vários sentidos, desde que sejam determinados, pois se pode apor uma palavra diferente a cada enunciado."[16] Há, contudo, uma ambiguidade intratável, não aquela ligada ao sentido, no sentido aristotélico do termo, isto é, à significação, no sentido lacaniano, e sim aquela que faz sentido, no sentido lacaniano, pois esta remete à interpretação e à estrutura. "A interpretação é sentido e vai contra a significação."[17] Ou ainda: "É a interpretação, ela mesma ambígua ou equívoca para não ser diretiva, que deve fazer furo."[18] Ou seja, em termos claros para os estudantes americanos: "Uma intervenção psicanalítica não deve ser em nenhum caso teórica, sugestiva, ou seja, imperativa. *Deve ser equívoca*. A interpretação analítica não é feita para ser compreendida; é feita para produzir ondas..."[19] para falar, em seguida, de "mergulho no buraco do soprador [*souffleur*]",* "sendo o soprador, é claro, o inconsciente do sujeito".

Para que assim conste, vale dizer. A paisagem aristotélica da decisão do sentido mudou: o equívoco é a condição ou a regra do sentido, com uma mexida no sentido de sentido.

*

Ainda assim, me espanto. Essas ondas não afetam em nada a descrição dos equívocos, não a polem nem a asselvajam em nada, pois os equívocos continuam sendo, ainda, aqueles de que Aristóteles tratou, os mesmos; e sempre ordenados segundo os mesmos três níveis característicos do *Organon*: as palavras, as frases e os raciocínios. Eis como eles são descritos pelo Lacan de "O aturdito", em três "pontos nodais".[20]

1. "Começo pela homofonia – da qual depende a ortografia."

É plausível: a ortografia é diacrítica (por isso é que "*Sarkozy m'à tuer*"** é tão chocante), ainda que um contrae-

---

* Trata-se, em teatro, de alguém que dita o texto da peça apresentada aos atores em cena a partir de um buraco oculto no interior do palco. (N.R.T.)

** Menção a artigo que B. Cassin escreveu no jornal *Le Monde*, 28 fev 2009, "Sarkosy m'à tuer", sobre os erros de ortografia cometidos pelo presidente francês e suas implicações, título que, por sua vez, alude à frase encontrada no local de um crime: "Omar m'à tuer", cuja ortografia correta e homófona seria "Omar m'a tué" [Omar me matou]. (N.T.)

xemplo se apresente de imediato em francês: "*les poules couvent au couvent*" [as galinhas chocam no convento], uma contestação homógrafa da homofonia (à mesma inscrição [*couvent*] correspondem duas pronúncias, o simétrico inverso de um "*Étourdit*" [O aturdito], em que uma única pronúncia vale pelo grafo do dois-em-um). Mas é, sobretudo, filosoficamente correto – e quanto! –, com o psicanalista na linha heideggerianamente pré-socrática do poeta a caminho da língua e no caminho da lalíngua:

> Que, na língua que me é própria, como brinquei mais acima, *dois* [*deux*] seja equívoco a *dos* [*d'eux*], conserva um vestígio da brincadeira da alma segundo a qual fazer dois-juntos [*d'eux deux-ensemble*] encontra seu limite em "fazer dois" dos dois ["*fair deux*" *d'eux*].
>
> Encontramos outras neste texto, desde o *pareser* [*parêtre*] até o *s'emblemante* [*s'emblant*].
>
> Afirmo que todos os lances são permitidos aí, em razão de que, estando qualquer um ao alcance deles, sem poder reconhecer-se nisso, são eles que jogam conosco. Exceto quando os poetas os calculam e o psicanalista se serve deles onde convém.

Ele vai aí diretamente ao cerne da homonímia aristotélica que constitui a etiologia única a que se reduzem todos os distúrbios da linguagem,[21] homonímias que as *Refutações sofísticas* classificam como estando ligadas à expressão (*para ten lexin*), logo, muito perto do significante, e que são exemplificadas na composição, na divisão e na acentuação, evidentemente intraduzíveis. Por exemplo, (*h*)*oros*, conforme o "o" seja aspirado ou não, ora quer dizer "limite", ora "margem"; e (*h*)*ou katalueis*, conforme seja acentuado como o relativo ("lá onde você mora") ou como a negação ("você não mora"), fará você dizer que a sua casa é uma negação. Nota-se que o poder diacrítico da escrita – *pharmakon* que vem a calhar – permite distinguir os sentidos e dissipar a homonímia. A escrita-valise e palimpséstica de "O aturdito" se autoriza a jogada [*tour*] adicional de tornar legíveis os sentidos como elementos de uma mistura e de um empilhamento: inscrever, no aturdimento do mestre cujos "contratempos" não cessam de desmanchar as peças [*tours*] que seu criado se esbodega de pregar pelo seu bem (Mascarille para si próprio: "Entende que a cada momento ele te desilude")[22], o torvelinho [*tournoiement*] dos tropos e a pregnância do dito. Esse modo de manter juntas as homonímias coincide com o cálculo do sofista, que se serve da homonímia como quer porque se detém no "que há nos sons da voz e nas palavras".[23] Instrumentado por Aristóteles para lhe servir de adversário (pois o aristotelizado é um aristotelizante), ele resiste a ponto de provocar sua exclusão da humanidade – uma planta: natureza que ruída, nem sequer um animal. Ora, o cálculo do sofista não é heterogêneo nem ao do poeta nem ao do psicanalista. Como, afinal, ele é o primeiro a "falar por falar", pelo prazer de falar, poderia curar, de passagem, o filósofo de sua vergontologia [*hontologie*], com a condição de que ele seja demandante.

2. "Pois a interpretação, aqui, é secundada pela gramática."

> Assim, os analistas que se agarram ao parapeito [*garde-fou*] da "psicologia geral" não são nem mesmo capazes de ler, nesses casos brilhantes, que Freud faz os sujeitos "decorarem a lição deles" na gramática que lhes é própria.
>
> Exceto que ele nos repete que, no dito de cada um deles, devemos estar prontos a revisar as "partes do discurso" que julgamos ter podido preservar dos anteriores.
>
> É isso, por certo, que os linguistas se propõem como ideal, mas, se a língua inglesa parecé propícia a Chomsky, assinalei que minha primeira frase contradiz, através de um equívoco, sua árvore transformacional.[24]

Nessa primeira frase escrita no quadro por Lacan, "que se diga fica esquecido no que se diz por trás do que se ouve", vocês têm o direito gramatical de entender que: diz-se fica esquecido por trás "do que se diz no que se ouve" e/ou entender que: diz-se fica esquecido "no que se ouve", por trás do que se diz. Não é a mesma construção. Não é a mesma interpretação. Esse equívoco gramatical leva o belo nome grego de "anfibologia": a sintaxe pode ser atacada pelos dois lados ao mesmo tempo, como quando "vejo-o, impressionado, com meus próprios olhos", e "vejo-o impressionado, com meus próprios olhos". Ou pior: *sigonta legein*, "dizer coisas silenciosas", no acusativo neutro plural, e "falar calando-se", no nominativo masculino singular, que junta a homofonia com a anfibologia. Façam ondas. Justamente aquelas que as *Refutações sofísticas* diagnosticam, desprezam e proíbem.[25]

3. "Número 3, agora: é a lógica":

> ... é a lógica, sem a qual a interpretação seria imbecil, sendo os primeiros a se servir dela, é claro, aqueles que, para transcendentalizar a existência do inconsciente, armam-se da afirmação de Freud de que ele é insensível à contradição.
>
> Provavelmente ainda não lhes foi transmitido que mais de uma lógica tirou proveito de se proibir esse fundamento, nem por isso ficando menos "formalizada", o que quer dizer, própria para o matema.
>
> Quem censuraria em Freud tamanho efeito de obscurantismo, e as nuvens de trevas que, de Jung a Abraham, logo se acumularam para lhe responder? Certamente não eu, que, em relação a isso (por meu reverso), também tenho certas responsabilidades.
>
> Lembrarei apenas que nenhuma elaboração lógica, e isso desde antes de Sócrates, aliás, senão na nossa tradição, jamais proveio senão de um núcleo de paradoxos – para nos servirmos do termo, aceito em toda parte, com que designamos os equívocos que se situam a partir do ponto que, apesar de aqui vir como terceiro, é também primeiro ou segundo.[26]

Com a "lógica", trata-se agora, em total conformidade com o aristotelismo, dos raciocínios. Aristóteles os classifica como refutações "fora da expressão", *exo tes lexeos*. De fato, elas não dependem da ambiguidade semântica dos termos, ou homonímia *stricto sensu* (1 = primeiro sentido de *logos*, a "palavra", explorada nas *Categorias*); tampouco da ambiguidade gramatical da composição das palavras em frase, ou anfibologia (2 = segundo sentido de *logos*, a "frase", explorada no *De interpretatione*); mas dependem da composição das frases e, portanto, dos próprios silogismos (3 = terceiro, mas poderíamos igualmente contá-lo como primeiro ou segundo, sentido de *logos*, o "raciocínio", explorado nos *Analíticos*). Os raciocínios, diz ainda Aristóteles, são, então, pseudorraciocínios, seja porque o próprio raciocínio é formalmente falho e só aparentemente conclusivo (é um pseudorraciocínio em sentido estrito), seja porque é materialmente falho e as premissas sobre as quais o raciocínio se apoia já colocam em jogo homonímias sintáticas ou semânticas (são pseudopremissas).

Foi de fato a golpes de paradoxos lógicos que a lógica avançou, desde o mais antigo paradoxo freudo-lacanoide do mentiroso, o do cretense recriminado por dizer que vai a Cracóvia para que creiam que vai a Lemberg quando vai mesmo para Cracóvia. Mas não só a lógica nem só pela lógica (o que é, aliás, só a "lógica"?), a partir do momento em que, como aristotélicos, nos indagamos sobre o que permite dizer que "o não ser *é* não ser", ou seja, sobre a pluralidade dos sentidos do ser, imediatamente geradora de paradoxos que reaparecem tão rápido quanto se dissipam.[27]

Refutações sofísticas em todos os aspectos, portanto, com a ressalva de que – e é por isso que cito longamente – a lógica, diz Lacan, evoluiu desde Aristóteles. Existem consistências formais que repousam sobre outros princípios que não o princípio da não contradição. Existem, em particular, alguns que não excluem o terceiro. Não é o caso de Freud: com Freud, pode-se afirmar que o inconsciente não conhece a contradição e fazer isso totalmente dentro da lógica e de um bom matema, ou seja, proferindo um discurso racional (outro sentido de *logos*), coerente e transmissível. Com a hipótese do inconsciente, Freud amplia o sentido do sentido, para reincorporar o nonsense, o lapso e o sonho ao seio do sentido. Ainda que trema o umbigo do sonho, o que Freud destaca em primeiro lugar é, em conformidade com a decisão aristotélica do sentido, um "ganho de sentido e de coerência", mais do que o "o profundo nonsense de todo uso do sentido".[28]

E as lógicas novas? Isso significa que essas lógicas novas têm um princípio de substituição que não está, ele mesmo, determinado pelo princípio da não contradição? Não excluem o terceiro, mas terão feito a descoberta do "Não há relação sexual"? Claro que não, ainda que Lorenzen possa servir para "desencadear" a verdade.[29]

Cabe, portanto, creio eu, distinguir duas maneiras de não se satisfazer com o princípio aristotélico: aquela que mantém um teor aristotélico, com decisão do sentido e consistência imantada pela contradição – o "paradoxo", tão antigo quanto o mundo, sustenta-se exclusivamente nela e se dissipa com ela como a homonímia tratável das palavras, a anfibologia tratável das frases. E Aristóteles não cessa de tratá-las. É aí onde "O aturdito" para.

A outra maneira faz da homonímia, da anfibologia e do paradoxo a condição do sentido (por diferença com a significação), tanto semântica quanto sintática e silogística. Faz do buraco do soprador [*souffleur*] a condição geral ou transcendental de todo sentido e de toda lógica, logo, também, a condição da bivalência verdadeiro-falso que se torna, por isso, um simples caso particular. É um equívoco intratável.[30]

Por isso é que estou muito espantada, decepcionada até, com esse recenseamento hiperaristotélico dos equívocos em "O aturdito", onde parece funcionar como *fermata*. Pois "O aturdito", na escrita e na invenção, deveria deixá-lo bem para trás, procedendo de outro modo e a partir de outro lugar: a partir de um consentimento consciente de si mesmo ao inconsciente, que talvez pudéssemos chamar de *Gelassenheit*, ou domesticação recíproca, e que o *joke*, o riso intérprete – intérprete até da ontologia –, o mais distante possível da seriedade lógica aristotélica, deveria testemunhar.

Será que, estando tão longe de *Gama*, estejamos tão minuciosamente perto de *Refutações sofísticas*? Como se Lacan não estivesse à altura da gigantomaquia principial, enganado e seduzido pela demonstração do que engana e seduz por excelência, o *logos logou kharin* ("falar por falar", "pelo prazer de falar") dos equívocos tratáveis. Como pensar ao mesmo tempo que Lacan ganhou de Aristóteles (depois de "O aturdito", em "O aturdito", já não falamos como com ou em Aristóteles, o princípio de todos os princípios já não é o mesmo) e que nada mudou quanto à taxonomia administrativa do ponto crítico que é o equívoco?

Ou bem a linguagem (lacaniana) já terá falado no *logos* de Aristóteles, ou então Lacan não passa de um Aristóteles ao gosto do dia. Lacan ante Aristóteles: se Lacan é uma planta, é, para um Aristóteles, não uma erva daninha a ser erradicada, mas uma cultura levemente sem solo, que não é difícil fazer voltar à platibanda, essa ordem aristotélica do discurso da qual ele constitui a evolutiva margem. Lacan no lugar do sofista, aristotelicamente tratável e integrado: "O psicanalista é a presença do sofista na nossa época, mas com outro estatuto":[31] um estatuto que o torna muito mais manejável pela ordem do discurso?

*

Prossigamos, no entanto, com o diálogo de cão e gato, como se se tratasse de dois idiomas comensuráveis em retorquição, e vejamos como acentuar os deslocamentos.

ARISTÓTELES: Você não passa de uma planta.
LACAN: Qual é, ô animal.
A.: O homem é um animal dotado de *logos*.
L.: O homem é um falasser.
A.: Eu disse *logos*.
L.: Eu disse *alíngua*.

Cada termo ainda será definido de um modo, afinal de contas, bastante unívoco: "Somos 'falasseres' [*parlêtres*], palavra vantajosa para substituir o inconsciente, porque joga com o equívoco de falação [*parlote*], por um lado; e pelo fato que *é da linguagem* que nos vem essa loucura de que há ser."[32] "Escrevam lalíngua numa só palavra, é assim que escreverei daqui em diante."[33] Ou seja, em "O aturdito": "... o inconsciente, por ser 'estruturado *como uma* linguagem', isto é, como a lalíngua que ele habita, está sujeito à equivocidade pela qual cada uma delas se distingue."[34]

Todas essas mexidas terminológicas são efeitos da gigantomaquia principial: "O humano é afligido, por assim dizer, pela linguagem. Por meio dessa linguagem que o aflige, ele supre o que é absolutamente incontornável: não há relação sexual no humano."[35] A mudança de idioma performa a mudança do princípio e é na mesma medida sua consequência, em dois pontos sensíveis: a letra (a escrita, a inscrição) e a relação com o real.

Lacan reconhece em Aristóteles, em seus *Analíticos*, "um comecinho da topologia": "Esta consiste, precisamente, em fazer furos no escrito. *Todos os animais são mortais*, vocês tiram *animais* e tiram *mortais*, e põem no lugar o cúmulo do escrito, isto é, uma letra pura e simples."[36] Aristóteles inventa a escrita literal em lógica, ao mesmo tempo que inventa a quantificação: ele fura o escrito com a letra, ele fura o universal com o *nãotodo* que ele sabe escrever. Não é impossível, então, que Lacan ganhe efetivamente uma primeira vez ficando por cima de Aristóteles, o inventor, precisamente porque Aristóteles continua tremendamente besta por estar restringido, limitado pela não contradição:

> É precisamente a partir daí que conjugo o todos da universal, mais modificado do que se supõe no *paratodo* [*pourtout*]

> do quantificador, com o *existe um* que o quântico emparelha com ele, ficando patente sua diferença do que é implicado pela proposição que Aristóteles chama de particular. Eu os conjugo pelo fato de que o *existe um* em questão, servindo de limite ao *entretanto* [*pourtant*], é aquilo que o afirma ou o confirma (o que já é objetado por um provérbio ao contraditório de Aristóteles).[37]

Qual é, então, o provérbio que faz objeção à universalidade da não contradição? O banal: a exceção faz a regra. Nem mais, nem menos. O *existe um* em questão serve de limite ao *paratodo*: a exceção faz a regra. Tremendamente não besta. Lacan ganha de Aristóteles pelo fato de esfregar na cara dele a estrutura da demonstração refutativa, único suporte do princípio da não contradição. Quando Aristóteles enunciava a universalidade do princípio da não contradição, ele mantinha bem afastada a ideia de que era necessário o outro, de que era necessário aquele que não, de que era necessário existir um para quem não, sem o qual nada disso funciona. A ideia de que o sofista lhe era necessário na origem do princípio. Contudo, é uma loucura, mas perfeitamente visível na textualidade de *Gama*, no momento em que a exceção, aqueles poucos "mal-educados" que exigem uma demonstração do indemonstrável, torna-se: "aqueles que mais buscam e mais amam a verdade", Empédocles, Demócrito, Parmênides, Anaxágoras, Homero! A Grécia inteira, tal é a exceção que faz a regra universal.[38]

Lacan reaparece como sofista, mas um sofista que se define como necessário para o princípio de Aristóteles: não existe universal sem uma exceção que a funde, a exceção faz o universal. Para todo homem, falar é dizer alguma coisa, na medida em que exista pelo menos um homem que não.

O fato de que, então, tudo se encadeie/desencadeie de outro modo é contemporâneo: um sujeito, a função fálica, nem verdadeiro nem falso, mas decaído no furo, e uma topologia muito mais complexa, moebiusada e torada,[39] do que a do dentro/limite/fora que define o sentido aristotélico.

Quanto ao *logos*, Lacan ganha, com o seu "como uma linguagem", uma volta a mais da norma perceptiva, a saber, a da letra, séculos depois da invenção da escrita. Ele escreve e inscreve, apenas com o *t* de "O aturdito", a letra como primeira, primeira "diz-mensão".[40]

"Começo com a homofonia – da qual depende a ortografia", o que deve ser entendido como: começo com a heterografia íntima, culturalmente audível, interna à homofonia. Passou-se da palavra ao significante e do significante à letra. Algumas breves citações para entender de que se trata. "Substituí a palavra 'palavra' pela palavra 'significante', e isso significa que ela se presta a equívocos, ou seja, sempre a várias significações possíveis."[41] Passar de palavra a significante manteria no equívoco tratável se nos ativéssemos ao significante, ao que se ouve. Mas "o significante não é o fonema. *O significante é a letra. Só a letra faz furo*".[42] "Não há letra sem lalíngua, e é esse inclusive o problema: como é que lalíngua pode se precipitar na letra?"[43] Aqui mesmo: "O dizer da análise provém apenas do fato de que o inconsciente, por ser estruturado como uma linguagem, isto é, como a lalíngua que o habita,* está sujeito à equivocidade pela qual cada uma delas se distingue."[44]

De minha parte, o que gostaria de sublinhar imediatamente é o "cada uma delas". Abertura para alguma coisa que, em Aristóteles, não funciona em nenhum caso: a pluralidade diferencial das línguas. "Uma língua entre outras não é nada além da integral dos equívocos que sua história deixou persistirem nela."[45]

Quando interrompemos a leitura nesse ponto, omitindo as lalínguas em questão e que é do inconsciente que se trata, e tomamos a frase literalmente, fazemos um dicionário dos intraduzíveis, vocabulário europeu das filosofias, que se apoia na integral dos equívocos que a história de cada língua deixou persistir – as línguas da Europa nesse caso, quando é o melhor que se consegue fazer. Apoiamo-nos nos equívocos e nas homonímias: sentido, sentido e sentido (direção, semântica, percepção), *mir* (paz/mundo/comuna camponesa) ou *logos*, e os trabalhamos, texto a texto, como sintomas de mundos.

Mas há uma sequência, que é a seguinte: "Uma língua entre outras não é nada além da integral dos equívocos que sua história deixou persistirem nela. É o veio em que

---

* Aqui a autora repete o trecho já citado na p.29 de forma homofonicamente diferente: "lalangue qu'il habite" na primeira oportunidade, "lalangue qui l'habite" no presente trecho. (N.T.)

o real – o único, para o discurso analítico, a motivar seu resultado, o real de que não existe relação sexual – se depositou ao longo das eras."[46] E aqui, pode ser que o filósofo, no fundo, se desencante ou se entedie. Num dicionário dos intraduzíveis, ao tomar cada língua como uma lalíngua, ter-se-á encontrado a maneira como o real, a saber, que não há relação sexual, se depositou. Não é muito estranho – ou será que é? Redução, redução e meia. Em que consiste o ganho? Consiste em passar da verdade para o real, e o real é que não existe relação sexual. Ponto final. Tudo começa aí e tudo termina aí. O ser é um efeito de discurso entre outros, "notadamente", e a ontologia é uma vergonha ("vergontologia"[47]), mas "o que dizer"? O real, que não há relação sexual: já não notadamente, mas monota(da)mente. Que não existe relação sexual. Nenhum outro real, e nada mais a dizer. É monótono. E a maneira de dizê-lo é escrever o Real, que assim já não é o real, com maiúscula. Mais fácil escrever que dizer, embora alguns encham a boca ao pronunciá-lo.

De um discurso que não fosse semblante, e depois *Mais, ainda* explicitam a relação entre o novo princípio e a letra. "Não há relação sexual" evidentemente não deve ser entendido por um vergontólogo: não se trata de essencializar a não relação – "afinal, nós fazemos amor, não é?"[48] Simplesmente:

> A impossibilidade de a lógica se enunciar de maneira justificável é algo absolutamente impressionante … .

Nesse próprio fracasso, entretanto, pode-se denunciar o que se passa com a articulação que tem, precisamente, a mais estreita relação com o funcionamento da linguagem, ou seja, a seguinte articulação: *a relação sexual não pode ser escrita.*[49]

E:

Se não houvesse discurso analítico, vocês continuariam a falar como papagaios [*étourneaux*], a cantar o *disc-cursocorrente*, a fazer girar o disco, esse disco que gira porque *não há relação sexual* – isto é uma fórmula, que só se pode articular graças a toda a construção do discurso analítico, e que há muito tempo eu lhes ladainho [*serine*] [do eturdito [*étourdi*] ao papagaio [*étourneau*] e do papagaio [*étourneau*] ao canário [*serin*], não estamos em família?].

Mas, por lhes ladainhar, ainda tenho que explicá-la – *ela só tem suporte na escrita, no que a relação sexual não se pode escrever* [aqui, o grifo é meu]. Tudo que é escrito parte do fato de que será para sempre impossível escrever como tal a relação sexual. É daí que há um certo efeito do discurso que se chama a escrita.

Podemos, a rigor, escrever *x R y*, e dizer que *x* é o homem, que *y* é a mulher e *R* é a relação sexual. Por que não? Só que é uma besteira, porque o que se suporta sob a função de significante, de *homem,* e de *mulher,* são apenas significantes absolutamente ligados ao uso *discorrente* da linguagem. Se há um discurso que lhes demonstre isto, é mesmo o discurso analítico, ao pôr em jogo o seguinte, que a mulher não será jamais tomada senão *quoad matrem*. A mulher só entra em função na relação sexual enquanto *mãe*.

Aí estão verdades maciças, mas que nos levarão mais longe, graças a quê? Graças à escrita.[50]

Quando se escreve *x R y*, o escrevemos, "só que é uma bobagem". A mulher não será jamais tomada senão como *quoad matrem* e o homem, *quoad castrationem*: enquanto, *als*, *hei*, como o ente de Aristóteles fora da filosofia primeira, enquanto número, linha, fogo, mas não enquanto ente. Estamos na doutrina pura. Não saímos dela: Aristóteles "não faz a menor ideia de que o princípio é que não existe relação sexual".* "A linguagem, em sua função de existente, só conota, em última análise, a impossibilidade de simbolizar a relação sexual nos seres que habitam essa linguagem, em razão de ser a partir desse *habitat* que eles sustentam a fala."[51] Essa frase, se decifrada sem nuanças, é o equivalente final ou acabado do animal dotado de *logos*, com algo, para fazer as vezes do político ("mais político que todos os outros animais", começava Aristóteles, justamente por ele ser dotado de *logos*), do *habitat* heideggeriano em sua procedência depois de *die Sprache*.

Isso muda o quê?

*

---

* J. Lacan, *...ou pior*, 15 dez 1971. (N.T.)

A meu ver, existem dois tipos de resposta.

A primeira seria: mas não, isso não tem nada de puramente doutrinal, e a prova é que é da ordem do clínico.

Em termos gerais, é sem dúvida uma boa resposta. Um modo de dizer que já não estamos na metafísica e sim na psicanálise, lacaniana ainda por cima. Nós? Vocês é que têm de saber se isso lhes interessa, se estão nisso, ou se se desinteressam, já que têm todo o direito de desinteressar-se da metafísica aristotélica: não há contradição/não há relação sexual, quer queiram quer não, quer saibam quer não, é assim que vocês falam, é o que embasa o *logos* de vocês, sua lógica e a lógica. Sou eu quem lhes diz: o consciente de vocês é estruturado como uma linguagem (geralmente) sensata aristotélica. E o inconsciente de vocês é estruturado como uma linguagem ab-sente [*ab-sent*], como uma lalíngua. É assim que vocês falam/que ele os ("os": complemento de objeto direto) fala, e daí? Observem os efeitos. O primeiro efeito é a eficácia do dizer do analista (como [realmente] fazer coisas com palavras): "O dizer do analista,* na medida em que é eficaz, realiza o apofântico, que, por sua simples ex-sistência, distingue-se da proposição. Assim é que coloca em seu lugar a função proposicional, posto que, como penso haver mostrado, ela nos dá o único apoio que supre o ab-senso da relação sexual."[52] As fórmulas lacanianas, tal como os silogismos no terreno do sentido, são muletas que permitem, em primeiro lugar ao

* No texto original está "O dizer da análise...", mas a autora cita conforme traduzimos. (N.T.)

analista, mover-se e ser performativo nesse ab-senso/nessa ab-sência em que vocês o solicitam.

A segunda resposta, mais divertida para um filósofo aficionado pela Antiguidade, consiste em passar para Demócrito, para rearticular as duas linguagens.

Estamos, em psicanálise lacaniana, no cerne da heterodoxia metafísica. É preciso, então, começar pelo fim de "O aturdito", apoiando-se nesse Demócrito sobre quem Lacan diz que ele nos presenteia com o real radical. Uma maneira filosoficamente perspicaz de desontologizar, mas como? Releiamos e explicitemos.

> Não será um progresso, já que não há quem não manifeste seu pesar, pesar por uma perda. Mas, ao *rirmos* disso, a língua a que sirvo se veria refazendo a piada de Demócrito sobre o *meden* – ao extraí-lo, pela queda do *me* da (negação), do nada que parece invocá-lo, como faz nossa banda consigo mesma em seu socorro.
>
> Demócrito, com efeito, presenteou-nos com o *atomos* do real radical, ao elidir o "não", *me*, mas em sua subjuntividade, ou seja, no modal cuja consideração a demanda refaz. Com o que o *den* foi realmente o passageiro clandestino [*clandestin*] cuja morte [*clam*] cria agora nosso destino [*destin*].
>
> Não mais materialista nisso do que qualquer pessoa sensata, eu ou Marx, por exemplo.[53]

Por uma vez, entendo tudo (acho), os fios entrelaçados e o *disegno* de conjunto.

Den não é uma palavra grega, não figura nem no dicionário Bailly, grego/francês, nem no Liddell-Scott-Jones, grego/inglês, apesar de este ser mais completo. É uma palavra que não existe na nomenclatura finita que constitui a língua grega.[54] Como expressar o sentido de uma palavra que não existe na língua? É o que também perguntamos ao ler e ao traduzir Lacan.

Den figura, contudo, num excelente dicionário, o *Dictionnaire étymologique de la langue grecque* de Pierre Chantraine, que remete, então, ao fragmento 156 de Demócrito, na fórmula: *me mallon to den e to meden einai*, onde *den* é explicitado por *soma*, "corpo", e *meden* por *kenon*, "vazio": "não ser mais corpo que vazio." Chantraine acrescenta que um genitivo, *denos*, já pode ser encontrado em Alceu, o lírico (VII-VI a.C., Alc. 320 LP), "num texto duvidoso e obscuro, *kai k'ouden ek denos genoito*, em que *denos* é traduzido por 'nada', ou melhor, 'alguma coisa'".[55] "Nada" ou, melhor, "alguma coisa": maravilhosa equivalência. E ele conclui: "Nada a ver com o grego moderno *den*, 'nada'": suntuosa denegação, todas salvo minha mãe.

Etimologia, acrescenta Chantraine, já que é esse seu trabalho de aventureiro: "Em Demócrito, trata-se claramente de um termo mais ou menos artificialmente tirado de *ouden*."[56] Mais ou menos artificial, e mais *mais* que *menos*, esse troço que a gente não acha nos dicionários de língua é uma fabricação, uma invenção, uma "palavra forjada", diz claramente Lacan.[57] É ao mesmo tempo um *terminus technicus* democrítico (assim como "quididade" é um termo escolástico para traduzir *to ti en einai*, que é, por sua vez, uma expressão de Aristóteles), e um jogo de palavras grego: o "ao *rirmos* disso" ["qu'on en *rie*"] deve ser escutado uma primeira vez como vindo do verbo *rir* [*rire*], enquanto a segunda, como pedaço de *rien* [nada], nos aguarda.

Para compreender as modalidades da fabricação, são necessárias ferramentas como: significante, escrita, negação, modalidade, um e, sobretudo, é necessária a ideia de corte, de falso corte. O *den* é, se eu quisesse defini-lo para que se continuasse (não) entendendo "nada", um significante fabricado por meio de um corte atópico na escrita da negação modal subjetiva, de tal modo que ao dizer um, dê no outro. De fato, tudo isso está inscrito no *den*.

Recomecemos a partir do fragmento B 156 DK de Demócrito, não sem um bocadinho de filologia básica. Um fragmento pré-socrático como este está catalogado na coletânea *princeps*, a bíblia que é a edição de Diels modificada por Kranz (donde as iniciais DK): *Die Fragmente der Vorsokratiker*.[58] O fato de ser catalogado como fragmento B significa que é considerado um fragmento "autêntico", para diferenciá-lo dos testemunhos, assinalados com a letra A. Autêntico, mas inserido num contexto heterogêneo, nesse caso um texto de Plutarco que o cita, *Contra Colotes* (4, p.1108F), escrito seis séculos depois de Demócrito para responder a um discípulo de Epicuro, de modo tal que o sentido do sentido não é evidente. Posso apenas dizer que Plutarco, flertando com o outro, ainda que de maneira ortodoxa, tenta recuperar Demócrito para o lado bom da metafísica afastando-o de Protágoras e da confusão sofística a que Colotes o assimilava (com razão, evidentemente, na opinião tanto de Lacan quanto minha). Apresenta, portanto, o fragmento (aqui em itálico) seguido de sua tradução intralinguística em idioma metafísico:

> *Ho Kolotes esphale peri lexin tou andros, en hei diorizetai* me mallon to den e to meden einai, *den men onomazon to soma, meden de to kenon, hos kai toutou physin tina kau hypostasin idian tou ekhontos.*
>
> Colotes entendeu mal o modo como se exprime nosso homem quando ele procede à seguinte distinção: *o* den *não é mais que o* meden; aqui, Demócrito chama de "den" o corpo e de "meden", o vazio, com a ideia de que também este último possui certa natureza e uma subsistência própria.

A "realidade" desse fragmento e da invenção do *den* é confirmada, por outro lado, por dois outros testemunhos (fragmentos A, portanto), extraídos, um de Galeno (um século depois de Plutarco) e o outro de Simplício (três séculos depois de Galeno). São textos prodigiosamente interessantes, cada qual com temática e sistemática próprias e um idioma filosófico mais ou menos puro. Em suma, ao lê-los, a paixão doxográfica, ligada à pesquisa de campo sobre a transmissão, a interpretação, a deformação, a recuperação e a falta – o passe? –, poderia, como ocorreu comigo, apoderar-se de vocês.[59]

Para tratar dos *Elementos segundo Hipócrates*, o médico Galeno passa por uma análise de Demócrito e, mais precisamente, por uma análise do modo como Demócrito distingue a convenção de linguagem (*nomoi*, "por convenção", "segundo a lei") de algo como o real (utilizando aí um termo muito pouco habitual: *eteei*, que costuma ser traduzido por "na realidade", "autenticamente", de *eteos*, "verídico, verdadeiro, autêntico", "*true, genuine*"): "'Segundo a lei, a cor, segundo a lei, o doce, segundo a lei, o amargo, mas segundo o real, os átomos e o vazio', diz Demócrito ..."[60] Galeno propõe, então, uma interpretação e uma tradução intralinguística da estranha terminologia democritiana:

> Com: "segundo a lei", ele quer dizer algo como: "convencionalmente" [*nomisti*] e "para nós", diferenciando de: segundo a natureza das coisas elas mesmas [*kat'auton ton pragmaton ten physin*]; isto, em contraposição, ele chama de: "segundo o real", fabricando essa palavra a partir de "real", que designa o verídico. E o sentido completo dessa frase seria o seguinte: entre os homens, crê-se que há um branco, um preto, um doce, um amargo etc., mas na verdade tudo é *den* e *meden* [*kata de ten aletheian den kai meden esti ta panta*].

Tendo chegado a essas palavras, Galeno tem de proceder a uma mudança de idioma para poder prosseguir com a explicação: "Pois é novamente assim que Demócrito fala, chamando os átomos de *den* e o vazio, de *meden*." Portanto, temos *den*: o corpo e os átomos (logo definidos como pequenos corpos separados, *khoris*, uns dos outros); e *meden*: o vazio (*to kenon*, logo definido como *khora*, mas deixemos ...).

Em seu comentário do tratado *Sobre o céu* de Aristóteles, Simplício, o aristotélico, completa com uma tradução definitiva e até final:

> Demócrito pensava que a natureza das coisas eternas consiste em pequenas substâncias de número ilimitado [*mikras ousias plethos apeirous*]; ele as supõe situadas num lugar diferente delas, de tamanho ilimitado. Aplica a esse lugar os nomes de "vazio" [*to kenoi*], de "nada" [*toi oudeni*] e de "ilimitado"; a cada uma das substâncias aplica os nomes de "*den*", de "compacto" [*toi nastoi*] e de "ente" [*toi onti*].[61]

Circulando, circulando, não há nada para ver aqui. *Den* é o ente. Aristóteles e a ontologia venceram. Demócrito dá no mesmo, e o real nunca é outra coisa senão o verdadeiro e o natural.

Recomecemos da palavra que não existe, pois ela não engana. É de uma maneira muito particular que ela não existe. Como todos os signos, ela é "arbitrária" no sentido de que só tem valor por diferença. O que existe, e de que ela se diferencia, é o termo negativo, que pode adotar duas formas, *ouden* ou *meden*. São dois adjetivos* ("nenhum, nenhuma") e dois pronomes ("ninguém, nada") que, no acusativo neu-

* Em francês, *aucun*, *aucune* são considerados adjetivos indefinidos quando se juntam a um substantivo. (N.T.)

tro, podem servir de advérbios ("em nada, em absoluto"). O fato de serem dois é muito característico da língua grega: com efeito, ela possui dois tipos de negação, uma negação dita de fato, ou objetiva, em *ou*, e uma negação modal, de impossibilidade e interdição, dita proibitiva e subjetiva, em *me*. A segunda é utilizada, essencialmente, nos modos que não sejam o indicativo, tanto nas orações principais como nas subordinadas, para as ordens, as advertências, os desejos e as lástimas, as eventualidades e as virtualidades que você recusa ou apreende. *Meden*, assim como *me on*, é uma coisa que não pode e que não deve ser, nem ser aí, nem ser assim, talvez o nada [*néant*]. Em contrapartida, *ouden*, assim como *ouk on*, é simplesmente uma coisa que não é, que não está aí, que não é assim, mas que bem poderia ser ou poderia ter sido, um morto, por exemplo, um nada [*rien*], talvez.[62] *Den* contrasta, portanto, com *ouden* (Simplício) e, de modo mais insistente e voluntarista, com *meden* (Plutarco, Galeno).

Em ambos os casos, a palavra negativa é muito transparente: vem de *hen*, "um", o adjetivo numeral no neutro, precedido de uma partícula negativa. Não se trata, aliás, da negação simples (*ou* ou *me*: "não"), mas da mais simples das negações compostas, composta nesse caso com a partícula opositiva mais corrente e mais insignificante de todas em grego: *de* (*ou-de*, *me-de*: "nem sequer", como o latim *ne quidem*, ou "nem... nem..." quando é duplicada).[63] Assim, tanto em *ouden* quanto em *meden* entende-se: *oude hen*, "nem sequer um", e *mede hen*, "nem sequer, e sobretudo não um". De *oude hen* e *mede hen* a *ouden* e *meden*, a consequência é inquestionável: bom grego, sã etimologia.

O problema é que, por esse caminho, não encontramos *den*; eu diria até que é impossível encontrar *den* quando se segue o fio da língua (e para dizer essa última frase em grego, eu utilizaria *me* e não *ou*!). *Den* é o produto de um falso corte, aberrante em relação à etimologia inscrita nas palavras: é um significante assinado, uma fabricação voluntária, a marca de um afastamento.

Afirmação	Negação objetiva	Negação subjetiva, interdição	Invenção significante
Hen	*Oude* = *oud'hen*	*Meden* = *med'hen*	*me/den* → *Den*
(palavra raiz) "um"	(etimologia) "nada" = nem sequer um	(etimologia) "nada" = tudo exceto um	(falso corte) menos que nada

Acrescento ser impossível tomar isso por outra coisa que não seja uma violência, violência perceptível para, ouso dizer, todos os gregos. Minhas testemunhas são Homero e Platão.

Platão em primeiro lugar, pois dá testemunho da percepção imediata do étimo em *meden*. Assim, em *O sofista*, o Estrangeiro mostra, tendo por horizonte o parricídio, como, caso nos atenhamos a Parmênides e a seu "o não ser não é", a própria possibilidade do falso desaparece, porque, de uma maneira ou de outra, o falso faz ser o que não é.

Felizmente, o *logos* do próprio Parmênides, seu enunciado tal como ele o enuncia, portanto sua enunciação, se a torturarmos um pouco, confessa que o não ser é. Com efeito, Parmênides diz: jamais se forçará a ser *me eonta*, "não entes";[64] ora, isso é duas vezes contraditório: porque o *logos* confere aos não entes certa existência meramente por dizê-los (a palavra não é nada), e porque é um plural ("não entes"), e a quantidade é evidentemente quantidade de algo, de uma unidade, ou ainda: o plural só existe em relação com o singular.

> ESTRANGEIRO: – Concordarás comigo que quem diz algum [*ti*] diz, certamente, certo um, alguém [*hen ge ti*].
> TEETETO: – Concordo.
> ESTRANGEIRO: – Concordarás, com efeito, que "algum" [*ti*] é certamente signo de um [*hen*], que "alguns", no dual [*tine*], é signo de dois, e "alguns", no plural [*tines*], signo de vários.
> TEETETO: – Não poderia dizer o contrário.
> ESTRANGEIRO: – E aquele que não diz alguma coisa [*me ti*], parece que é absolutamente, totalmente necessário que ele não diga nada [*meden*].[65]

Hen ti, me ti, meden, insistência no número: nada não é sequer um, *med' hen*, e isso se faz ouvir a ponto de servir de matriz para a evidência demonstrativa. Dizer *meden* torna-se uma autocontradição performativa.

Tendo por pano de fundo Homero na condição de grande ancestral, como sempre. Com efeito, por trás disso ressoa o consumado jogo de palavras da *Odisseia*, e Bérard fala amavelmente de uma "enxurrada de trocadilhos".[66] Com Ulisses e seus companheiros, estamos no antro do Ciclope. O ogro, no lugar de acolhê-los de forma hospitaleira, devora dois como jantar regando-os com o leite de suas ovelhas. No dia seguinte, sai para pastorear seu rebanho. Ao retornar, depois da ordenha, engole mais dois companheiros; Ulisses, que teve tempo de pensar na situação e de urdir sua artimanha, oferece-lhe uma grande taça de vinho; embriagado feito um gambá, o Ciclope pede outras três. Então Ulisses diz: "Ciclope, me perguntaste qual é o mais conhecido de meus nomes? ... Meu nome é 'Ninguém' [*Outis*]; minha mãe e meu pai e todos os meus companheiros me chamam de 'Ninguém' [*Outis*]."[67] O beberrão adormece. Ulisses e seus homens cegam-no com uma estaca de oliveira em brasa. Polifemo arranca do olho a estaca encharcada de sangue e berra para atrair os vizinhos. Os outros Ciclopes lhe gritam: "Algum [*me tis*] dos mortais levou teu rebanho contra a tua vontade? Algum [*me tis*] quer te matar pela astúcia ou pela força?" Algum, *me tis*, porque ninguém acredita nisso: *me tis*...? Algum, porventura; resposta esperada: "não". Ao que o Ciclope só pode responder: "Meus amigos, Ninguém me mata, pela astúcia e não pela força", *Outis me kteinei*.[68] A mesma frase é ouvida por Polifemo, que diz: "É Ninguém quem me mata, por astúcia e não pela força", e para os Ciclopes, que a escutam: "Ninguém me mata, nem pela astúcia nem pela força." Pode-se apreciar, aqui, toda a utilidade do *ne* expletivo francês [*Per-*

sonne ne me tue...] que Lacan, armado de Damourette e Pichon, destacou, aliás, em muitas ocasiões:[69] em bom francês, Polifemo teria sido compreendido ou repreendido. E o coro retoma: "Se ninguém [*me tis*] te força, já que estás só, é porque o grande Zeus deve ter te enviado uma doença e só te resta rogar ao nosso pai, o príncipe Posêidon." Os Ciclopes se afastam. Voz em *off* de Ulisses: "Ri por dentro, pois foram meu nome e meu irreprochável *metis* que o enganaram", minha astúcia e meu desígnio.[70] De *Outis*, nome próprio que designa uma pessoa [*personne*], logo, alguém, a *outis*, negação numa frase, "ninguém" [*personne ne*], no sentido de *ou... tis*, "não algum", "ninguém" [*personne*]. Ademais, de *Outis* e *ou... tis*, a *me... tis* e *metis*, a cadeia significante está desde o início na mente de Ulisses. Aliás, é exatamente isso o que o termo *metis* designa: da visão de conjunto e do grande desígnio de Zeus até a trama urdida da astúcia, a inteligência naturalmente técnica ou artística, tanto a do polvo quanto a do sofista, inclusive nessa técnica própria do homem que é a técnica linguageira. A *metis* de Ulisses utiliza o *logos* em seu funcionamento gramatical e sintático, no seu ponto de junção com a própria semântica. A saber: o ponto de expressão do equívoco. Pensemos no que acontece quando Ulisses, vanglorioso (narcisismo ou busca de identidade?), sai da eficiência do jogo de palavras e, do seu barco que parte para alto-mar, grita para o Ciclope, ainda ao alcance da voz, quem ele é: Ciclope, se alguém quiser saber o que aconteceu com teu olho, diz-lhe: "Foi Ulisses, destruidor de cidades, filho de Laerte, aquele cuja morada é em Ítaca."[71] Polifemo invoca Posêidon para uma grande maldição. Os gregos estavam tão perto de sua meta e, com essas palavras em excesso, eis que tudo recomeça...

Homero me serve aqui de testemunha, em primeiro lugar, da força da etimologia, pois ela torna a decomposição sempre iminente: *ou/me tis*, não algum, todo exceto algum, ninguém.

Mas a *metis* da linguagem homérica, em seu primeiro jogo de palavras a um só tempo paciente e diruptivo, também atesta a dupla face positivo/negativo, e a facilidade da inversão. A negação tem uma herança ontologicamente carregada, e o francês corrente o mostra ainda mais que o grego. Assim, *personne* [pessoa, ninguém] é primeiro alguém, uma pessoa, que vem de *persona*, a máscara do ator, que decerto não é uma entidade anódina. E *rien* [nada] é primeiro *rem*, uma coisa, no acusativo, *une rien* [uma nada] em francês antigo, progressivamente suprimido por *un rien* [um nada]: "A palavra oferece", diz precisamente o *Dictionnaire historique de la langue française*, "um resumo da evolução do sentido etimológico de 'coisa' invertida em 'nada'." O mesmo vale para o espanhol *nada*, derivado do latim [*res*] *nata* (particípio passado de *nasci*, "nascer"): nada: "uma nascida". E quando não é a entidade positiva que diretamente vira de sentido, a diferença e a inventividade das línguas podem ser lidas na escolha do que é negado: "*je n'y crois pas*" [não acredito], "*je n'y vois goutte*" [não vejo patavina], "*je n'y entends mie*"* [não escuto lhu-

* Em francês, *goutte* significa "gota", e *mie*, "migalha", também usados em português para expressar quantidades ínfimas, mas com outros verbos. (N.T.)

fas] e não saco xongas [*j'y entrave même que dalle*]. *Meden*, *metis*, nem um, não qualquer um; *nihil*: nada (supondo que os dicionários sabem o que dizem) de *hilum*, esse pontinho preto na ponta da fava, e *nemo*, nenhum homem; *nothing* e *nobody*, nenhuma coisa e nenhum corpo; e *nichts*, nenhum *Wiht*, demoniozinho, pelo lado do *mythos* ou, então, pelo lado do *logos*, nenhum *Wicht*, que vem de *Wesen*, a essência.

É dessa ordem geral das línguas, a ordem do sentido delas, que o *den* se afasta ao mesmo tempo que a torna manifesta. Pelo insólito amálgama da última letra da negação e do positivo negado, ele obriga a entender que o átomo não só não é uma afirmação ou uma postulação, o ser ou o um, mas que ele tampouco é sua negação, não tem consistência nem de *né-ant* [n-ada] nem de *rien* [nada]: o átomo é literalmente menos que nada [*rien*], deveria ser chamado de *ien*, ou, para conservar a etimologia rejeitada: *iun*. *Den*, *iun*, é o nome do átomo quando já não pode ser confundido nem com o ser da ontologia nem ser tomado por um corpo elementar da física.

O alemão, em particular o da tradução Diels-Kranz, resolve a questão com muito mais majestade e conivência: ele reativa um termo da mística renana, *das Ichts* ("*Das Ichts existiert um nicht mehr als das Nichts*"), *Nichts*, menos o *N*. Mas a operação é desde o início menos diruptiva e, portanto, menos ligada ao significante; com efeito, nela a etimologia se reencontra com o bom corte: *n-icht*. No entanto, como ninguém sabe com certeza de que *icht* se trata, demônio ou essência, não se poderá não escutar simultaneamente o *Ich*, o "Eu", reformado ao fim da *epoché* e da comunhão mística. Outra riqueza, outra ruptura.

Para ficarmos no francês atual, Lacan faz Demócrito dizer: "*Nada, talvez? não – talvez nada, mas não nada*";[72] eu gostaria de fazê-lo dizer: *Não nada, mas menos que nada – iun, já que* nãohaum [*hihanappât*].

Deve-se sustentar com veemência que esse não é um modo de fundar o um. Não se domestica o *den*, já que não se torna princípio. Por isso é que difere muito claramente do que Lacan, mais ou menos no mesmo momento de sua atenção, denomina, tirando explicitamente partido de *nada*, "a nada" [*la nade*], ou, em maiúsculas "a NADA", primeira antes da mônada, "constitui-se do conjunto vazio cuja transposição é justamente aquilo de que o UM se constitui", "a porta de entrada que é designada pela falta", "o lugar onde se cria um furo", o "saco furado" na "fundamentação do "Há-um" [*Ya d'l'UN*].[73] O *den*, com efeito, só pode ser pensado depois do um, como operação subtrativa e não como procedência, furada ou não. Não dialetizável, precisamente por não ser uma negação da negação, assumida e destacada, mas uma subtração desde a negação e, por isso, um prestígio, uma ficção, obtida por secundariedade crítica. Não é uma porta de entrada, mas uma porta de saída, uma escapatória que provoca o tropeço da origem e o desvio da história da filosofia e, portanto, também a da física, como o *clinamen* com que Lacan cedo a comparou.[74]

É claro que as traduções, inclusive as inúmeras traduções intralinguísticas, nada mais podem senão reontologizar.

Demócrito não é "materialista" (não mais, diz Lacan, do que Freud ou que vocês e eu). Aliás, é muito regularmente no ponto de articulação com o idealismo, em "O aturdito", *Mais, ainda* ou *Os quatro conceitos*, que Lacan o convoca. *Atomos idea*. O átomo é uma ideia. "Os átomos que ele também chama de ideias são tudo" (68 A 57 DK, Plutarco, *Adversus colotem*, 8, p.110F). A ideia que o átomo é não cessa de ser travestida de materialismo, de ser refisicizada. Nisso, estou com Heinz Wismann, que adota a expressão *atomos idea* como título e emblema. Aristóteles é o artífice dessa tradução do idealismo em materialismo, física feita para se enquadrar à metafísica, que vai na contramão de Demócrito. É ele que faz os átomos passarem por entes, decerto um pouco menos entes que seu ente (ou um pouco mais ente e um pouco menos ser na escala da ontoteologia), neste caso partículas indivisíveis, quase invisíveis, mas cuja composição torna os corpos visíveis. Ora, os átomos – aguentemos firme, Demócrito – são *den*, menos que nada. Um vestígio da negação do um, da identidade e do ente, uma trajetória de pensamento; a onda de uma operação irônica sobre o ser, que prolonga a da sofística. Não mais um discurso, mais fundamental ou fundamentalista, sobre a física, mas uma física do discurso, logo, um discurso de outro tipo sobre a física, vinculado a uma crítica violenta dessa ontologia que coagula como metafísica. Os átomos são o nome material dos elementos que compõem o *logos* e constituem seu poder: "com o mais diminuto e inaparente dos corpos,[75] *smikrotatoi somati kai aphanestatoi*, o *logos* executa os mais divinos atos" (Górgias, *Elogio de Helena*, §8). Dizer que o atomismo é uma representação física do discurso é dizer que o discurso é propriamente o objeto da física, ou então que o *logos* é a *physis* que se busca descrever; no fundo, trata-se sempre de levar a sério o fato de que o homem é um animal dotado de *logos*, que a natureza do homem é sua cultura.

"O aturdito" tem mais motivos ainda para se deter em Demócrito, uma vez que, para representar fisicamente o discurso, Demócrito concebe seus átomos como letras. Nada além de ideias, mas inventadas e recriadas a cada vez pelo estilete, a mão – se o estilo é o homem, o traçado do estilete é o átomo. As propriedades do átomo remetem ao *ductus* da escrita, como Heinz Wismann demonstra implacavelmente, indo assim ao encontro de uma longa e encoberta tradição de interpretação. Aristóteles, que traveste o atomismo de física dos corpos elementares, é suficientemente íntegro e suficientemente astuto para nada calar sobre o modelo da escrita, embora proponha de imediato uma tradução-redução deste a características compatíveis com as dos corpos de sua própria física. Começa a grande digestão. No livro *Alfa* da *Metafísica*, as três "diferenças" que são causas de todas as outras são assim nomeadas por Leucipo e Demócrito, e renomeadas por Aristóteles:

> [Leucipo e Demócrito] dizem que há três diferenças: a figura [*skhema*], a ordem [*taxin*] e a posição [*thesin*]. Com efeito, eles dizem que o ente diferencia-se somente pelo ritmo [*rhysmoi*], pelo contato [*diatigei*] e pelo modo [*tropei*]. Ora, o ritmo é a

> figura; o contato é a ordem; e o modo é a posição. Assim, o A difere do N pela figura; AN difere de NA pela ordem; e Z difere de N pela posição.[76]

O "ritmo" – o das ondas, dos acasos da vida, dos humores dos homens – não designa a "figura" ou a "forma", o "esquema" visível (*skhema, morphe, eidos*) que faz com que um objeto seja idêntico a si próprio e reconhecível por quem o vê, mas a maneira como o objeto surge de seu movimento, capturado no devir e no fluxo tal como ocorre com uma música, o *ductus* da escrita que fabrica uma letra e não outra. O "contato" não é a "ordem" que inscreve a sucessão no espaço e na hierarquia, mas os pontos de contato que determinam tanto a maneira como o *ductus* se recorta em intersecções para fazer uma letra, quanto a maneira como as letras se aproximam para produzir palavras. O "modo", forma de expressão ou tropo, não é a "posição" perene que um objeto ocupa no espaço, mas a maneira como o *ductus* gira para produzir a trajetória de uma letra e a inscrição dessa trajetória no espaço. Ondas e propagações, efeitos e efeitos de efeitos, antes de ser corpos.

Den: o nome do significante quando ele se inventa como tal, não podendo ser confundido com nenhum significado e com nenhum referente, está ligado à letra e à apresentação do discurso pela letra. Tal é a amplitude do *clam* que constitui a engrenagem de "O aturdito".

Mais, ainda tematiza muito claramente o primeiro trecho da travessia: de Aristóteles a Demócrito, passa-se do ser e do "gozo do ser" (com a turma toda, de São Tomás a Rousselot, e a caridade bem-ordenada) ao, se ainda for preciso conservar a palavra ser, "ser da significância", e à sua razão de ser, "o gozo do corpo":

> O que busca Aristóteles, e isto abriu a via para tudo que em seguida se arrastou atrás dele, é o que seja o gozo do ser. ...
>
> O ser – se querem a qualquer preço que eu me sirva desse termo –, o ser que eu oponho a isso – ... é o ser da significância. E não vejo no que é decepcionar aos ideais do materialismo – digo *aos ideais* porque está fora dos limites de sua épura – reconhecer a razão de ser da significância no gozo, no gozo do corpo.
>
> Mas um corpo, vocês compreendem, depois de Demócrito, isso não parece bastante materialista. É preciso achar os átomos, e todo aquele troço, e a visão, a odoração, e tudo aquilo que segue. Tudo isto é absolutamente solidário.
>
> Não é por nada que, ocasionalmente, Aristóteles, mesmo se ele se faz de desgostoso, cita Demócrito, pois se apoia nele. *De fato, o átomo é simplesmente um elemento de significância volante, um* stoikheion *muito simplesmente.*[77]

O átomo é um elemento de significância volante, como o maná é um significante flutuante: são significantes conformes a seu ser que não é um ser, a saber, seu ser equívoco de significante, sua ausência de identidade (uma *den*egação, se me permitem). Pois, acaba-se sabendo, "o que caracteriza o significante é somente ser o que todos os outros não são", ele manifesta "a presença da diferença como tal e nada mais".[78]

O segundo momento do trajeto consiste em inscrever a significância na letra, e é o que faz "O aturdito", tão incompreensível quanto Aristóteles é besta. Por isso é que o *den* se impõe, ele, cuja consistência não é uma letra isolada como a do cálculo proposicional aristotélico ("para todo x"), mas um traçado de letras em metamorfoses encadeadas, que, então, remetem antes a um pequeno *a* como momento de uma trajetória, em contato com um *ductus*, seja ele qual for – se é que entendo o que estou dizendo.

Se conseguirmos pensar o Real, o real do princípio "não há relação sexual", sob o aspecto, que Aristóteles tornou ilegível, do passageiro clandestino que o *den* é, passageiro clandestino de toda a ontologia, talvez isso de fato se torne um tanto estranho.

O ab-senso, nome do Real por diferença com a ontologia, está ligado aos impasses da lógica (a relação sexual não se escreve) e à (ao ser da [*l'être de**]) letra como puro jogo de palavras. É certo que a ausência [*l'absence*] de relação sexual determina o ab-senso [*l'ab-sens*] como único prato no menu do buraco do soprador [*souffleur*]. Não menos monótomo, ou até mais monótono, que o sentido. Com a

* Há homofonia entre *lettre* e *l'être*. (N.T.)

ressalva de que suas aparições monótonas, lapsos, sintomas e interpretações, têm a vantagem de ser estranhas.

Com relação à própria linguagem ("O inconsciente não quer dizer nada, se não quiser dizer que, diga eu o que disser e onde quer que me posicione, mesmo que me posicione bem, eu não sei o que digo. … Mesmo que eu não saiba o que digo …, digo que a causa disso só deve ser buscada na própria linguagem. O que eu acrescento a Freud …, o que acrescento é isto: que o inconsciente se estrutura como uma linguagem"[79]), o ab-senso fica no próprio lugar da relação entre performance e significante, ou ainda: a relação entre performance e significante define a sofística lacaniana.

"Agora, o gozo do corpo, se não há relação sexual, teríamos que ver para o que isso pode servir."[80]

Post-scriptum na forma de algumas proposições no futuro do presente para responder ao que segue

Primeira Proposição

A linguisteria não terá feito mais objeção lacaniana à logologia do que a canalhice à filosofia, e até menos.

Escólio 1

A antifilosofia, nome comum que Badiou dá à linhagem Górgias-Wittgenstein, caracteriza-se, como ele mesmo ressalta, pela "detecção da canalhice filosófica". A canalhice consiste sempre em supor "que existe uma metalinguagem", suposição que condiciona a relação com a Verdade.[1] Como poderia a filosofia platônica se excetuar dessa relação canalha com a Verdade, se o filósofo-rei, inclusive como ficção, lida com a metalinguagem ao menos tanto quanto com a matemática?

Segunda Proposição

O binário filosofia/antifilosofia terá sido puro produto da filosofia, que esta apresentará como desde sempre estruturante. É esse efeito de *desde sempre* (autorizando o desde sempre do ser ou do Ser, da verdade ou da Verdade, do real ou do Real) que o discurso segundo, chamado "antifilosofia" pela filosofia, torna manifesto.

Escólio 1

A filosofia terá desde sempre triunfado sobre a antifilosofia a partir do momento em que a batiza de "anti" (no seu devido momento, a análise lacaniana, assim como a crítica kantiana ou a dialética hegeliana, não farão outra coisa senão ratificar o binário). O que prefiro chamar de "logologia", em vez de antifilosofia, repugna o binarismo que sempre faz o outro cair do outro lado, garantindo, assim, a preeminência do um (que poderá, então, ser designado com o filosofema: "o ser puro como multiplicidade desligada"), segundo o modelo do sentido (tudo o que está fora do sentido é sensato ou inane), do qual procuramos justamente nos afastar. A logologia recorre ao relativismo (in)consequente, ligado ao comparativo dedicado, ou seja, estratégico, do "melhor para", como sendo a melhor maneira de inscrever, inclusive politicamente, a pluralidade.

Escólio 2

Evidentemente, é a estipulação comum da logologia e da filosofia que se enuncia: "ausência do sentido", com manutenção da diferença entre ab-senso e nonsense. O *den* de Demócrito não demonstra essa diferença de outra forma (outra forma melhor) do que pela fórmula? Se a função da fórmula é fazer compreender que o ab-senso é senso ab-sexo (ligado à impossibilidade de escrever a relação sexual), então o *den* será o passageiro clandestino da fórmula, prevenindo a substituição de uma monotonia (não há contradição) por outra (não há relação sexual). Pode-se, então, com efeito, dizer "que se desdobra uma topologia em que é a palavra que decide".[2]

Terceira Proposição

Terá sido cômodo para a filosofia gerar a diferença homem/mulher aplicando-a à diferença filosofia/antifilosofia, mas nada mais.

Escólio 1

Em particular, não se diagnosticará, ou não se diagnosticará apenas, que a antifilosofia/a mulher-filósofa nada mais fazem senão "destinar à filosofia um novo objeto" (plasticidade, sofística etc.) transferido da margem para o centro, o que equivale a ratificar a centralidade do centro e a fazer uma bela história da filosofia do século XX ou XXI.[3] Pois não é de objeto que se trata, mas de tratamento de objeto e, mais precisamente, de permeabilidade dos gêneros, inclusive os da filosofia e da antifilosofia. O que não deixa de ter efeitos sobre o saber e sobre o domínio que ele confere.

Escólio 2

Uma vez que estamos entre gente de bom nível (todos nós lemos Lacan), fica claro que uma mulher pode ser um filósofo e que um homem pode ser uma filósofa. Resta saber se filósofos e antifilósofos, ou filósofos e logólogos, entenderão da mesma maneira que na mulher "a palavra verdade provoca um curioso frêmito", e que "muito mais que o homem, ela pode se beneficiar … de uma cultura dos discursos".[4]

Fórmulas de "O aturdito"

– ALAIN BADIOU –

No meu título, "Fórmulas de 'O aturdito'", a palavra "fórmulas" deve, sem dúvida, ser tomada em dois sentidos. Primeiro, evidentemente, no de fórmulas matemáticas, presentes por trás da expressão "fórmulas da sexuação". Em segundo lugar, no sentido poético de Rimbaud: "Encontrei o lugar e a fórmula." É preciso pensar o nexo entre ambos os sentidos. Como uma fórmula pode estar ao mesmo tempo no registro do matema e no da existência de um sujeito?

Costuma-se dizer, e Barbara Cassin volta a dizê-lo aqui com perfeição, que a psicanálise em geral e Lacan em particular brincam com os equívocos do significante. Diz-se que a compreensão da linguagem por Lacan é completamente desontologizada, porque o equívoco do significante e a pluralidade das interpretações destroem uma concepção fundamental da ontologia filosófica de Aristóteles até Deleuze – com Badiou só piorando as coisas –, a saber, a univocidade do ser.

Mas as fórmulas fazem objeção a esse ponto de vista, pois uma fórmula é, ao contrário, uma proposição de univocidade tão absoluta que sua universalidade literal é imediata. Donde se segue que, supondo que o outro da psicanálise e de Lacan seja a metafísica de Aristóteles, será preciso admitir de imediato que não é porque essa metafísica sustenta a univocidade do ser, mas porque Aristóteles não entendeu (e nisso Platão era melhor) que a guarda da univocidade só pode ser confiada à literalidade matemática, paradigma de toda penetração da verdade na mediocridade do sentido. E, ainda por cima, real discursivo da ontologia do múltiplo.

É apenas na prova da formalização – voltarei a isso – que o sentido, tocado pelo real, faz advir a verdade como ab-senso.

E do real se dirá que ele é o ser, nu. Nisso, ainda que a chamasse "vergontologia", Lacan, como qualquer outro, não poderia furtar-se a uma ontologia. Tanto menos ao abrigo de sua redução a essa logologia que minha querida amiga Barbara propôs como substituta do devaneio (a "besteira"?) ontológico, que Lacan foi sem dúvida o primeiro a estigmatizar, no *linguistic turn* que os vienenses fizeram aterrissar nos Estados Unidos, e a que ele deu o magnífico nome de "idealinguisteria".

Será que nossa única escolha é entre a vacuidade da ontologia e o idealismo da logologia?

Não é esse o dilema em que Lacan se encerra. Pois, para ele, longe de ser o horizonte intransponível de seu pensamento, o equívoco do sentido é, diz ele, "a formalização que é nossa meta, nosso ideal".

Para Lacan, ainda que o trajeto da análise seja o reino do equívoco, a meta última é, como sabemos, um saber integralmente transmissível, transmissível sem resto. A meta é uma ordem de simbolização, ou, como ele diz, de "formalização correta", na qual o equívoco já não deixa nenhum rastro.

Gostaria de instalar minha exposição em torno de uma questão difícil: como se dá, em psicanálise, a passagem do equívoco de linguagem a algo – a fórmula, a formalização – que é ao mesmo tempo sua borda e sua negação? O que é esse furo na linguagem equívoca que faz vir à tona o vazio da univocidade? Quero me instalar nessa questão, a do furo que a univocidade formular vem cavar no equívoco hermenêutico, porque acho que é também aí que "O aturdito" está fundamentalmente instalado.

Boa parte de "O aturdito" dedica-se à questão do matema, à questão das relações matemáticas. O ponto central é sem dúvida atingido quando Lacan se pergunta como passar, na análise, da impotência (imaginária) ao impossível (real). Ora, esse nexo é ininteligível, como nos explica o texto, se não nos perguntamos o que é uma formalização.

Minha única citação direta de "O aturdito", da qual tudo o que direi é um comentário, encontra-se na página 8 ou 451, dependendo da edição.* É a seguinte: "Freud nos põe no caminho, dado que o ab-senso designa o sexo: é na inflada desse senso-absexo que se desdobra uma topologia em que é a palavra que decide."

---

* Respectivamente, *Scilicet* e "O aturdito", in *Outros escritos*, Rio de Janeiro, Zahar, 2003. (N.T.)

Deixo-a, por ora, brilhar na obscuridade de sua letra, e direi qual vai ser meu fio condutor. Meu fio condutor será, como sempre, o exame da relação de Lacan com a filosofia.

Em definitivo, esta é a única coisa que me interessa, o que é natural. Em vários textos, e singularmente em meu recente *L'Antiphilosophie de Wittgenstein*, indiquei que todos aqueles que reivindicam a antifilosofia, tal como Wittgenstein e Lacan, e como, no fundo, sob o nome de "sofística", Barbara Cassin, apenas lançam à filosofia o singular desafio de um novo objeto, que eles declaram ser o único capaz de invalidar as pretensões estabelecidas da filosofia, pois ela "esqueceu" ou suprimiu seu exame. Ao fazerem isso, esses antifilósofos *expõem* à filosofia o objeto paradoxal em questão, seja ele o não ser (Górgias), a aposta (Pascal), a existência pura (Rousseau), a escolha radical (Kierkegaard), a vida (Nietzsche), a linguagem (Wittgenstein) ou o inconsciente (Lacan). E essa exposição rapidamente inscreve os antifilósofos numa declinação singular da filosofia.

Creio ter contribuído para essa inelutável reinscrição de Lacan na filosofia como tal. E esse ponto de reinscrição não é, na verdade, outro senão a crítica do sentido em benefício de um saber do real. Acabar com o sentido é, sem dúvida nenhuma, o desafio mais elevado de qualquer filosofia digna desse nome. Com efeito, a verdade – amor, como se sabe, de toda filosofia – não pode se conformar à variabilidade do sentido, à sua pouca fé. Sim, desejamos a ab-sência do sentido.

Contudo, em todo antifilósofo persiste um resto que faz com que, do próprio interior de sua reinscrição filosófica, a singularidade de sua dissidência ainda brilhe aqui e acolá, lembrança de que foi um "anti". Em Lacan, se ele toca em algum real é por não ver nem querer que "verdade" seja aquilo em que todo saber se sustenta.

Meu exame é, portanto, o de Lacan filósofo, enquanto antifilósofo. Ou filósofo do que a psicanálise tem de antifilosófica, como ocorre em geral com as ciências, sem por isso criar, não mais que as ciências, motivo para concluir pelo triunfo da antifilosofia. Muito pelo contrário: de tanto querer fazer triunfar somente o saber, preparam-se as novas vias do triunfo da verdade.

Meu exame será feito, portanto, a partir do tripleto conceitual: verdade, saber, real. Afirmo que "O aturdito" é uma proposição disjuntiva do discurso da análise e do discurso da filosofia em torno de duas maneiras inteiramente diversas de articular o tripleto verdade-saber-real, do qual a rigor pode se dizer, desde que não se desloquem seus vocábulos, que é em si comum aos dois discursos, o do filósofo e o do analista. Sim, esse tripleto é a fronteira entre ambos os discursos.

Qual é, aos olhos de Lacan, a verdadeira natureza da operação filosófica? O que Lacan identifica como "filosófico", a fim de que sua antifilosofia ganhe sentido? A operação filosófica, aos olhos de Lacan, consiste em afirmar que há um sentido da verdade. Mas por que a filosofia afirma que há um sentido da verdade? Porque seu objetivo, o consolo que sob o nome de "sabedoria" ela nos propõe, é poder declarar que há uma verdade do real. Seu axioma implícito ou explícito é este: há um sentido da verdade porque há uma verdade do real. Então, contra o que considera ser a própria operação da filosofia, Lacan vai sustentar, em "O aturdito" particularmente, e contrariando o que às vezes sustentou anteriormente, que *não há sentido da verdade porque não há verdade do real.* A tese de "O aturdito" é que do real há tão somente uma função de saber. Há uma função de saber e essa função de saber não é da ordem da verdade como tal.

O real, em "O aturdito", pode ser claramente definido a partir da ausência de sentido. Disso resulta que, para pensar completamente o tripleto verdade-saber-real, é preciso fazê-lo mover-se em relação à questão do sentido. Em seu brilhante comentário do livro *Gama* da *Metafísica* de Aristóteles, Barbara Cassin fala de "decisão do sentido". Pode-se, com efeito, dizer que "O aturdito" é uma outra decisão do sentido, diferente da decisão aristotélica. Considerando-se essa decisão, o real pode ser definido como *o sentido enquanto ab-senso.* O real é ab-senso, portanto, ausência de sentido, o que, bem entendido, implica haver sentido.

O ponto que tem de ser bem compreendido, no tocante à decisão complexa que Lacan toma aqui, é que o ab-senso tem de ser absolutamente distinguido do sem sentido. A tese de Lacan não é uma tese absurdista ou existencial em sentido amplo. Não é uma declaração do sem sentido do real. É uma declaração segundo a qual só é possível abrir um acesso ao real supondo que ele seja como uma ausência no sentido, um ab-senso, ou uma subtração do, ou ao sentido. Tudo gira em torno da distinção entre ab-senso e sem sentido.

Por que esse assunto concerne sobremaneira à psicanálise em sua disputa com a filosofia? Muito simplesmente porque só pode haver inteligência da distinção entre ausência [absence] e sem sentido [non-sens] em sua correlação com o sexo. Mais precisamente, na sua correlação com o que constitui todo o real do inconsciente, e que é o fato de que não há relação sexual. O sexo propõe, se me permitem dizer, "a nu", o real como impossível próprio: a impossibilidade da relação. Assim, o impossível, logo, o real, está correlacionado com o ab-senso, nomeadamente a ausência de toda relação, o que quer dizer a ausência de todo sentido sexual. Há uma genealogia lógica: você pode dizer o real como impossível próprio segundo o sentido enquanto ab-senso, e é por isso que um sinônimo de ab-senso é, no texto de Lacan, senso ab-sexo. "Senso ab-sexo" é uma fórmula, a fórmula que diz que não há relação sexual. E é capital perceber bem que as expressões negativas ("não há", "há ab-senso") vêm equivaler a uma fórmula não negativa, que é: "senso ab-sexo".

A ausência enquanto subtração ao sentido ou à decisão clássica do sentido (ou seja, por exemplo: a "relação" sexual não tem nenhum sentido e, portanto, não é uma relação) não pode ser posta do lado do sentido ou da decisão do sentido de tipo aristotélica. Mas tampouco pode ser posta numa inversão negativa do lado do sem sentido. Na verdade, não é nem sentido, nem sem sentido, é uma proposição singular, deslocada e absolutamente original, que é ab-senso, ausência de sentido. Mas ausência de sentido quer dizer positivamente senso ab-sexo, isto é, finalmente, o real como tendo essa ausência de sentido que é que não há relação, neste caso, relação sexual, o que a fórmula sintática do senso ab-sexo concentra afirmativamente. É esta a proposição central de "O aturdito": a ausência de sentido não é um sem sentido porque ela é senso ab-sexo.

A maior importância dessa proposição é que ela funda a possibilidade do matema, da transmissão integral, em suma, da fórmula. Funda-a postulando que *toda função do real no saber refere-se afirmativamente à ausência*. Em definitivo, o que é integralmente transmissível é sempre uma inscrição da ausência como senso ab-sexo. É esta, em suma, a forma geral das fórmulas do saber: uma função de saber sobre o real é uma função que se refere ao ab-senso, enquanto sustentado positivamente pelo senso ab-sexo. Pode-se, então, dizer que há, sim, um sentido do saber. O saber enquanto saber como função no real está dotado desse sentido singular que é o senso ab-sexo ou o ab-senso. Por conseguinte, a relação com o real que Lacan propõe como sendo a do discurso do analista será a de um sentido do saber enquanto senso ab-sexo, ao passo que a relação filosófica com o real mantém-se no registro da verdade.

Nesse estágio, o juízo emitido sobre a filosofia é de que ela é incapaz de atingir o sentido do saber. Extraviada pelo nefasto sintoma que é o amor pela verdade, a filosofia carece do princípio em virtude do qual algo do sentido está correlacionado com o saber na função do real, no que faz do "não há relação sexual" uma fórmula. Carece desse sentido absolutamente singular que não é, propriamente falando, nem sentido, nem sem sentido, e que é o senso ab-sexo. O que evidentemente quer dizer que a filosofia carece do real, inclusive na modalidade dessa doação do real que seria chegar a um sentido do saber. Pode-se também dizer que a filosofia está, de certo modo, precipitada sobre a verdade. E essa precipitação oculta ou rasura o tempo do real como ausência, logo, como relação "culta" com o senso ab-sexo.

Para dizê-lo de outra forma ou mais simplesmente: a filosofia é prisioneira do par sentido-verdade. Esse par supõe que o oposto do sentido seja o sem sentido e não o ab-senso. Por isso é que a filosofia é busca do sentido da verdade, com o exclusivo fim de evitar o drama existencial do sem sentido.

Notemos de passagem que essa acusação singular feita à filosofia se distingue da acusação que Lacan faz à religião. A religião não é a busca infinita de um sentido da verdade, porque a religião é a tese segundo a qual, num ponto ao menos, verdade e sentido são indiscerníveis. Não há um sentido da verdade como defesa contra o sem sentido, há um ser supremo cuja fórmula é: verdade = sentido. A filosofia, diferentemente da religião, não tem como imperativo afirmar que, pelo menos num ponto, sentido e verdade são indiscerníveis. Claro que pode fazê-lo, mas não é essa a sua essência. A filosofia se mantém numa espécie de face a face entre o sentido e a verdade. Nela não há necessariamente interpretação da verdade como sentido, não há necessariamente religiosidade. Há impossibilidade de deslocar o par composto pelo sentido e pela verdade, porque a única coisa que pode fazer esse par se mexer é a categoria do ab-senso ou do senso ab-sexo como função do real. Portanto, na filosofia não haveria função do real no saber por causa dessa primordialidade intacta do frente a frente da verdade com o sentido, de tal forma que, em última instância, esquiva-se o "não há" central, em que a impossibilidade do real se comprova.

Se tentarmos, então, vestir a toga de advogado da filosofia – toga que, para me expressar no estilo de Joseph Prudhomme, me serve como uma luva –, podemos começar assim o argumento: toda a crítica antifilosófica de Lacan se baseia na validade, na pertinência ou na força da categoria de ab-senso ou de senso ab-sexo. Mais precisamente, tudo se baseia na asserção segundo a qual a psicanálise, na sua experiência do sexo, do ab-sexo, encontra um real tal que desloca os efeitos de sentido, a ponto de poder garantir que existe um registro do sentido que não é nem a afirmação do sentido nem sua negação. Supõe-se que a experiência analítica abra um espaço entre sentido e sem sentido, necessário para que possa se cristalizar o ato analítico.

Em sua própria existência, o ato analítico – lembremos – só é verificável no *só-depois*. Que *só-depois*? O da produção de um saber transmissível. Somente essa produção comprova retroativamente que houve ato analítico. Sem isso, pode ter havido ato analítico, mas ele não é comprovado. Ora, tal saber transmissível é evidentemente uma função do saber no real. Refere-se, portanto, de uma maneira ou de outra, ao senso ab-sexo ou ao ab-senso. Quer tomemos as coisas do ponto de vista da teoria, da antifilosofia, quer as tomemos pelo lado da clínica, voltamos a dar, no ensino de Lacan, com a necessidade absoluta de que possa se abrir uma distância entre sentido e sem sentido. Com efeito, é aí que se situa, afinal, o real como tal, o real do "não há", o real como impossibilidade da relação, ou, arrisquemos o filosofema, o ser puro como multiplicidade desligada. Ou o vazio.

Aliás, é nesse ponto que se desencadeiam, nas escolas de psicanálise, as discussões sobre uma das grandes invenções de Lacan: o passe. Esse procedimento serve para verificar que houve ato analítico. Ele se baseia totalmente na ideia de transmissibilidade, de saber transmissível. Na prova de transmissões sucessivas, o procedimento verifica que algo da ordem de um saber, logo, uma função do real, foi produzido durante um tratamento analítico. O esquema geral consiste em alguém contar a alguém o que aconteceu e este alguém o contar a um terceiro. Filtra-se, assim, uma transmissibilidade efetiva, uma transmissibilidade que, por se dar em vários tempos, elimina os restos improváveis. O que me interessa nesse assunto é que a abertura de um espaço entre sentido e sem sentido, de tal forma que o sentido ab-sexo possa ali vir à luz numa posição de acessibilidade mínima, comprova-se, *só-depois*, numa transmissibilidade que concerne ao ato analítico. O ato, por sua vez, nunca é apresentável numa proposição. Ele coincide com seu ter-lugar. É mister que o que valha como prova do próprio ato seja o que, do ato, pode se inscrever indiretamente na forma de um saber transmissível. O ato só se atesta na figura da transmissibilidade do saber. E por quê? Porque esse saber tange à ausência ou ao senso ab-sexo. Pode-se, portanto, dizer que o passe é a organização transitiva, depositada na fala, de ausências que se sucedem. É uma máquina que conjuga, ou não (se a coisa "não passa"), relatos cuja disposição imanente supostamente se situa no lugar do senso ab-sexo, para verificar que a transmissão é efetivamente a de um saber em função no real.

No fundo, Lacan está convencido de que *a filosofia é exemplarmente o que não passa, aquilo de que não pode haver passe.* Por isso mesmo é que, na filosofia, só há mestres e discípulos. Nenhum filósofo vai contar sua filosofia a alguém, encarregado, por sua vez, de contá-la a um outro, que, em seguida, irá validar, perante uma comissão, que o falante inicial é de fato filósofo, que houve um ato filosófico em algum lugar. A acusação feita à filosofia é de que, se você se mantém – como ela pretende fazer, ignorante que é do "não há relação" – num face a face entre o sentido e a verdade, não tem condições de produzir um saber integralmente transmissível e sem resto. Não vai encontrar a fórmula, porque toda fórmula exige um saber que seja função do real. De fato, para o psicanalista, a filosofia não passa. Aliás, o mesmo pode ser dito ao revés: o dejeto de um passe está provavelmente constituído de filosofemas. Se fuçarmos nas latas de lixo do passe, vamos encontrar alguns resíduos filosóficos em estado mais ou menos avançado de decomposição. O núcleo duro do passe é o que comprova um real ao modo do senso ab-sexo, tal como foi tocado por um ato. Os resíduos são filosofemas geralmente pouco transmissíveis e distribuídos nas bordas do sentido ou do sem sentido.

Por fim, podemos declarar de três maneiras diferentes a antifilosofia lacaniana.

Em primeiro lugar, há uma ignorância por parte da filosofia do registro do ab-senso. Esse registro a filosofia não quer ter de conhecer. No lugar do ab-senso ou do senso ab-sexo, a filosofia sempre põe outra coisa. É assim que, como mostra Barbara Cassin, Aristóteles põe nesse lugar o princípio da não contradição.

Em segundo lugar, a filosofia ignora a posição do saber como real. Ela o engole no amor pela verdade.

E, em terceiro lugar, há um caráter especular da filosofia, porque ela dispõe o sentido e a verdade em espelho, a pretexto de enunciar que possivelmente há um sentido da verdade.

Podemos, então, voltar ao tripleto saber-verdade-real, tal como funciona nas fórmulas de "O aturdito".

Para Lacan, não há verdade do real, ao contrário do que, de uma maneira ou de outra, é sempre suposto pela filosofia. Só há verdade na medida em que há função do real no saber.

Por outro lado, tampouco há, propriamente falando, saber do real. Há função do real no saber, o que é totalmente diferente. Há decerto produção de um saber no âmbito do senso ab-sexo, mas não se trata de um saber do senso ab-senso como tal.

Por fim, tampouco há saber da verdade. Pode-se no máximo dizer que há verdade de um saber desde que um real funcione nele. Declaremos – é uma convenção como qualquer outra – que a verdade de um saber se mede no fato de que algo do real do senso ab-sexo venha a funcionar nele. Mas nem por isso há saber da verdade.

Por conseguinte, para Lacan – e creio ser esta a tese mais inovadora e importante de "O aturdito" –, o tripleto saber-verdade-real não pode ser segmentado. Não pode ser distribuído em pares. Não podemos montá-lo em pares que são a verdade do real, o saber do real ou o saber da verdade. Em psicanálise, segundo Lacan, cada vez que você fala de verdade, tem de convocar, na realidade, saber e real. Cada vez que fala de saber, tem de convocar verdade e real. E é impossível falar de real sem convocar verdade e saber. O tripleto verdade-saber-real é um tripleto indecomponível. Se pretendemos que existem a verdade e o real, será preciso situar a função de saber, se temos um saber do real, temos de supor um efeito de verdade, e quando falamos das relações entre verdade e saber, é preciso que haja o real.

As coisas ficam, então, muito mais claras. Para Lacan, enfim, a operação filosófica é o desmembramento do tripleto, é a asserção segundo a qual se pode montar o tripleto em pares. Por quê? Pois bem, porque, supondo que possa haver uma verdade do real, a filosofia supõe também que pode haver um saber da verdade e porque, por isso mesmo, ela conecta os três pares do tripleto depois de tê-lo desmembrado. Eu poderia mostrar como, em "O aturdito" – mas também no sistema geral dos textos que cercam "O aturdito", os textos que Lacan escreveu entre 1970 e 1975 –, trata-se sempre, quando se discutem essas questões, de remembrar o tripleto. É preciso recuperá-lo no ponto de fuga de sua colocação em pares filosóficos. É preciso restituir a compacidade do tripleto verdade-saber-real evitando qualquer possibilidade de um face a face de apenas dois dos termos.

Proponho-lhes, então, a seguinte definição lacaniana da filosofia. A filosofia é uma subversão do três pelo dois. A filosofia recusa que o três seja irredutivelmente originário, que seja impossível desdobrá-lo no dois. A meu ver, é essa a razão da controvérsia ao mesmo tempo contínua e complexa entre Lacan e Hegel, porque Hegel propõe uma posição do três tal que ele se engendre necessariamente do dois. Que dois? O da contradição. Nisso, Hegel é para Lacan o mais filósofo dos filósofos.

Contudo, o que se deve acrescentar, o que é o mistério último cujo sentido temos de racionalizar, é que *a querela sobre o três e o dois é, em definitivo, uma querela sobre o Um*. Proponhamos aqui um teorema lacaniano que, ainda que não seja exatamente de Lacan, vale como teorema antifilosófico essencial. Seu enunciado é: "Se subvertemos o três pelo dois é porque temos uma ideia falsa do um." E como se enuncia, por sua vez, essa ideia falsa? Pois bem, assim: "Um é!" Assim que você diz "o Um é", está a caminho da subversão do três pelo dois. Hegel já tem de afirmar o ser do Absoluto, enquanto posição-Una do devir do Espírito, para ativar o movimento do negativo, que, por sua vez, engendra o três a partir da contradição simples. Se você postula "o Um é", está a caminho do desmembramento do tripleto originário verdade-saber-real. Porque dizer "o Um é" equivale finalmente a dizer que, do real, há verdade na medida em que ele é Um. Ali onde o real manifesta a unidade de seu ser, há verdade real do real. É o primeiro par arrancado do três. Do mesmo modo, dizer "o Um é" é também sustentar que do real há um saber: o saber do Um sob a forma do objeto ou da objetividade. Segundo par arrancado do três. Por isso, assim que você diz "o Um é", você está no espaço da filosofia.

Se, em contraposição, o real não é aquilo de que há verdade, e se ele tampouco é o que é sabido, ou seja, se não existem os pares filosóficos arrancados do tripleto: verdade do real, saber do real e verdade desse saber, então o enunciado quanto ao Um não pode ser "o Um é". O enunciado será "há Um" [*il y a de l'Un*]. O "há Um" é uma subversão radical da tese especulativa, ou filosófica, "o Um é".

Toda uma série de desenvolvimentos de Lacan destinam-se a mostrar que, se sustentarmos que há Um e não que o Um é, então não estamos engajados no desmembramento do tripleto. Podemos manter a coesão do três sob a forma verdade-saber-real. Só é preciso ver o que vai, de algum modo, garantir essa conexão indivisível do tripleto. E como não pode ser um dos elementos desse tripleto, verdade ou saber, porque, nesse caso, voltaríamos aos pares filosóficos, a consequência inevitável é que a consistência do tripleto vai se dar entre o real, ponto "excepcional", ou fora de lugar, do tripleto, e algo que, não sendo nem verdade nem saber, está forçosamente na dimensão do ato.

Dado que do real não há nem conhecimento nem verdade, dado que, ao contrário, só há verdade sob condição de seu encadeamento indesembaraçável com o real ao modo de uma função de saber, é preciso que haja um puro encontro desse real. Chamemos de "ato" o ponto de encontro do real como tal.

O real é impossível de conhecer precisamente porque está contido no tripleto verdade-saber-real e dele não pode ser extraído para formar par com algum dos dois outros termos. Sobre o real, aliás, deve-se sempre declarar que ele *depõe o conhecer*. Lacan chama de demonstração do real essa deposição do conhecer. É uma palavra bastante estranha, mas muito forte. O real não se conhece, se demonstra.

Mas, então, como Lacan escapa do kantismo? Pois, se o real é subtraído do conhecer, entra-se na glosa crítica, que diz que o real (o em si) é incognoscível, e reserva o saber aos fenômenos. A realidade seria, em última instância, a doação fenomênica das coisas, e o real seria seu ponto de ser inacessível, com o qual teríamos simplesmente uma relação de ato, uma relação prática. Haveria com o real uma relação prescritiva e de jeito nenhum cognitiva. O real se dá na razão prática, no imperativo categórico, e não na razão teórica, que ordena os fenômenos. Existem leituras de Lacan e de Kant, e as leituras eslovenas (Žižek, Zupancic, Riha, Sumic e outros), que vão nessa direção e são muito potentes.

No que a mim concerne, creio que Lacan se esquiva da armadilha crítica e que ele não é de forma alguma kantiano. A jogada dele não é, de jeito nenhum, propor que o real seja incognoscível, e tampouco, de jeito nenhum, que seja cognoscível. A tese de Lacan é a de uma exterioridade do real à antinomia entre o conhecer e o ignorar. Como tal, o real não participa das categorias alternativas do conhecer e do ignorar. Participa do que Lacan tenta inventar sob o nome de "demonstrar".

"Demonstrar o real" deve ser entendido em dois sentidos. Por um lado, naturalmente, é a doutrina, totalmente clássica em Lacan, de que do real só há ciência lógica, formal. O real será definido como impasse da formalização. O que, então, tange ao real é a formalização ilustrada, a formalização integralmente depurada. Disso resulta que a única transmissibilidade possível do senso ab-sexo está na figura do matema. Do real, não há nenhuma linguagem. Só há fórmulas. O segundo sentido de "demonstrar o real", como dissemos, é que o acesso ao real se abre na dimensão do ato. A questão suprema é, então, a das "relações", com todas as aspas que vocês quiserem, entre ato e matema. Aí é que se joga a sorte, senão da proposta lacaniana, ao menos de seu face a face com a filosofia: na aptidão para recuperar como pensamento singular certo tipo de espaço comum ao matema e ao ato analítico. E mostrei que o passe é uma das figuras dessa questão.

Digamos que houve "análise", ou mesmo que houve um psicanalista, se alguém se manteve ali onde o ato autoriza o matema.

Resta indagar se, do processo organizado pela inseparabilidade do tripleto e pelo acesso ao real pelas fórmulas e segundo o ato, existe alguma garantia de desenlace "como" verdade. Uma garantia que fosse como que um signo, um sinal de que nos encontramos efetivamente no âmbito do senso ab-sexo, ou do ab-senso, e que, portanto, o real pode responder em seu lugar.

Pois bem, a resposta é que sim, existe. De longa data, segundo Lacan, há um signo de tudo isso e esse signo é a angústia. Esse afeto funciona como garantia latente do efeito de verdade produzido pela função do saber no real. Como Pascal, como Rousseau, como Kierkegaard, Lacan defende a tese da não disjunção entre a primazia do ato e a transparência potencial do dizer. Aqui não se trata, trivialmente, de uma irracionalidade milagrosa do ato que se opõe a toda transmissibilidade racional do dizer. Trata-se da ideia de que há um ponto, sem dúvida enigmático, em todo caso sempre singular e sempre a retomar, nunca dado de antemão – por exemplo, a aventura do tratamento analítico para Lacan, ou a aventura da aposta e da conversão para Pascal, ou ainda a aventura das diferentes etapas (estética, ética e religiosa) para Kierkegaard –, há, portanto, um ponto em que o corte do ato e a integral transmissibilidade do dizer estão numa espécie de emparelhamento misterioso, que, ao mesmo tempo, é apenas um momento do devir do pensamento. E esse ponto se assinala por um afeto. Um afeto que não pode nos enganar. Como Lacan disse bem cedo, "a angústia é o que não engana".

As consequências, para Lacan, concernem ao que se pode chamar a ética do tratamento. Na condução de um tratamento, duas exigências estão em tensão. A primeira é conduzir, ou produzir, o que Lacan denomina uma "formalização correta". Uma formalização correta se define como elevação da impotência (imaginária) ao impossível (real). Vocês devem produzir um campo de captura – isto é, encontro – do real. Para tanto, contudo, para que em um ponto o real possa (re)aparecer, é preciso que vocês tenham um sistema formalizado de restrições que designe o ponto de impossível ao qual é preciso chegar de uma maneira ou de outra.

Em seguida, Lacan diz haver outra exigência, outra exigência que concerne à angústia. Citei, a respeito disso, a fórmula muito vigorosa de Lacan: a angústia é o que não engana. O problema é que se deve fazer um uso comedido desse afeto, que, em suma, é o afeto do tripleto real-saber-verdade sob a lei do real. Deve-se dosar a angústia. Do que não engana, do que assinala que se está nas imediações do senso ab-sexo, nas imediações do que se abre entre sentido e sem sentido como virtualidade nova, cabe ao analista dosar o uso porque, quando desmesurado, é mortífero.

Portanto, no tratamento, há duas temporalidades entrelaçadas. Em primeiro lugar, a temporalidade da formalização, sempre tentada a ser precipitada, sempre tentada pela pressa, pela sedução da formalização ativa. Depois, em segundo lugar, tem-se o tempo da dosagem da angústia. Este, ao contrário, está sempre tentado pelo interminável. É uma das acepções do famoso título de Freud, *Análise terminável e interminável*. A temporalidade que consiste em medir a angústia é uma temporalidade que pode postergar constantemente a data do encontro do real e se manter sempre nos limites do sentido e do sem sentido, que, no fim, são os mesmos, por ter de evitar o ab-senso sexual. Em contrapartida, quando se trata da formalização, a tentação do psicanalista é não querer sua própria destituição. Agrada-lhe alcançar rapidamente o brilho de uma formalização apressada. Essas duas temporalidades estão enredadas, entrelaçadas. A ética do tratamento consiste provavelmente em manter essas injunções temporais contraditórias, mantê-las até que o ato decida. O ato, que entrega o tripleto à sua própria fórmula, é o único que tem a possibilidade de decidir nos tempos misturados do tratamento. Esse ato do qual, sabemos, o psicanalista não será mais que dejeto.

Podemos agora concluir a respeito do que, sem dúvida, é a mais efetiva separação entre a psicanálise e a filosofia, separação da qual "O aturdito" dá as fórmulas. Há, no tratamento psicanalítico, devido à sua relação indecomposta com o tripleto verdade-saber-real, uma relação imanente entre a pressa e a contenção. Essa relação traz consigo um nexo dialético entre as fórmulas enquanto produções do desejo do matema (formalização correta) e o afeto (a angústia) enquanto garantia do real. Matema e angústia são, assim, em sua dialética temporal, as figuras contrastantes do acesso diferido ao real. Acesso que – trança de um tempo sempre suspenso entre a precipitação e a estagnação – será finalmente decidido, na figura do ato, pelo próprio analisando.

A filosofia não trata, é o caso de dizer, dessa decisão externa, em que o ato é o inciso taciturno de uma verdade insabida. Pois o temporal próprio da filosofia é que ela tem *todo o tempo do mundo*. O que, desde sempre, serve para identificar em seu discurso a ligação antidialética que ela mantém com a eternidade do Verdadeiro.

A psicanálise não tem o que fazer com essa ligação, cuja proposição inaugural, compartilhada por Lacan, é que a verdade não tem nenhum sentido, mas cujos desenvolvimentos propõem que de *uma* verdade, na medida em que pertença ao registro da *Verdade*, e sem que dela haja o menor saber, nada impede dizer tudo – já que o dizer não a constitui de nenhum modo. Em contrapartida, a filosofia pode se movimentar, sem renunciar a nada de sua ambição especulativa, à *altura da psicanálise*, sem para isso ter de abandonar, junto com a ontologia, e em proveito das duvidosas propriedades da linguagem, sua convicção de que por mais fora do sentido ou ab-senso que ela seja, uma verdade nem por isso deixa de ser um *touché* puro do real.

Então, e nesse aspecto, Lacan, a contragosto, se torna, como antes dele Górgias, Pascal, Rousseau, Kierkegaard, Nietzsche ou Wittgenstein, e como depois dele Barbara Cassin, um(a) sutil metafísico(a).

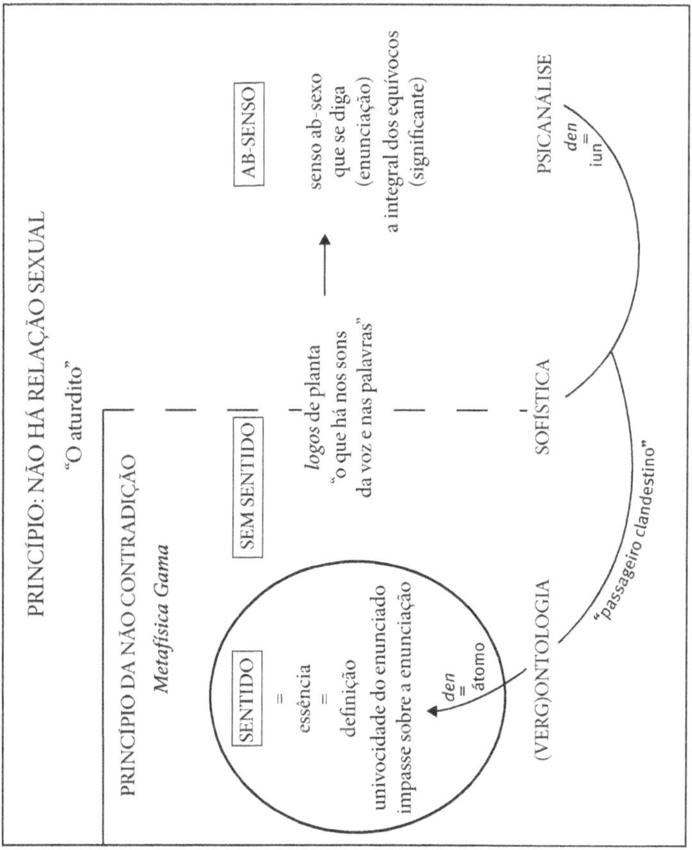

A gigantomaquia

Notas

O ab-senso ou Lacan de A a D (p.9-56)

1. J. Lacan, "L'Étourdit", *Scilicet*, n.4, 1973, p.5-52 (reeditado em *Autres écrits*, Paris, Seuil, 2001 [ed. bras.: "O aturdito", in *Outros escritos*, Rio de Janeiro, Zahar, 2003, p.466]) e p.22 [p.466 da ed. bras.].
2. J. Lacan, "O aturdito", op.cit., p.469-70.
3. Ibid., p.496.
4. Aristóteles, *Refutações sofísticas*, 1, 13 = 65 A 40 DK, t.II, p.94.
5. "Vocês não repararam que quando se diz que alguém é uma besta isto quer antes dizer que ele é não-tão-besta? O que deprime é que não se sabe muito bem qual o seu gozo. E é por esta razão que o chamam assim." J. Lacan, *O Seminário*, livro 17, *O avesso da psicanálise* [1969-1970], Rio de Janeiro, Zahar, 1992, p.74.
6. Grifo meu.
7. *La décision du sens. Le livre Gamma de la Métaphysique d'Aristote*, introdução, texto, tradução e comentário de B. Cassin e M. Narcy, Paris, Vrin, 1989. Ver o esquema da p.83 do presente volume, obtido pela projeção de "O aturdito" sobre *Gama*, que pode servir de guia para ler o que segue.
8. Aristóteles, *Métaphysique*, IV, 3, 1005 b 19-23.
9. Ibid., IV, 4, 1006 a 11-15. Grifos meus, bem como nas próximas citações.
10. Ibid., IV, 4, 1006 a 18-26.
11. Ibid., IV, 4, 1006 b 6-11.
12. Ver o Capítulo 1 de B. Cassin, *Aristote et le logos. Contes de la phénoménologie ordinaire*, Paris, PUF, 1997 [ed. bras.: *Aristóteles e o lógos. Contos da fenomenologia comum*, São Paulo, Loyola, 1999].
13. O Capítulo 1 do *De interpretatione* põe em sequência: "o que é recebido na alma" (*ta en tei psukhei pathemata*), "o que há na

voz" (*ta en tei phonei*), que é seu símbolo e "o que está escrito" (*ta graphomena*), que é, por sua vez, o símbolo do que há na voz. Para uma interpretação mais completa dessa sequência que suscita problemas textuais, remetemos ao verbete "signe" [signo] de B. Cassin (org.), *Vocabulaire européen des philosophies*, Paris, Seuil/Le Robert, 2004, quadro 1, p.1.161.

14. J. Lacan, "O aturdito", op.cit., p.492-3, ligeiramente modificado.
15. Ibid., p.485.
16. Aristóteles, *Gama*, 4, 1006 a 34-b 2.
17. J. Lacan, "O aturdito", op.cit., p.481.
18. Idem.
19. Yale University, 24 nov 1975, J. Lacan, Conversa com estudantes, Respostas às suas perguntas, "Conférences et entretiens dans des universités nord-américaines", in *Scilicet*, n.6/7, Paris, Seuil, 1976, p.32. Esses textos muitas vezes me parecem ser uma versão clara, decifrada, daquilo de que "O aturdito" é performance, ato de fala.
20. J. Lacan, "O aturdito", op.cit., p.493. Na jornada de trabalho sobre "O aturdito" que Alain Badiou e eu organizamos na École Normale Supérieure da rua Ulm, com Françoise Gorog e Diana Rabinovich – inestimáveis em todos os aspectos –, Elisabete Thamer começou a explorar a relação com as *Refutações sofísticas*. Expresso aqui meus agradecimentos a ela.
21. Ver a esse respeito B. Cassin, *L'Effet sophistique*, Paris, Gallimard, 1995, particularmente p.353-7 [ed. bras.: *O efeito sofístico*, São Paulo, Editora 34, 2005].
22. Molière, *L'Étourdi*, ato II, cena 1, v.921.
23. Aristóteles, *Gama*, 5, 1009 a 21-22.
24. J. Lacan, "O aturdito", op.cit., p.493-4, ligeiramente modificado.
25. Aristóteles, *Refutações sofísticas*, em particular capítulos 20 e 21; Galeno, na esteira dos estoicos, proporá uma belíssima homofonia homonimicamente dividida: *auletris peptoke*/ *aule tris peptoke*: "a cantora caiu"/ "o pátio afundou três vezes seguidas" (*Des sophismes liés à l'expression*, 1-4, trad. in B. Cassin, *L'Effet sophistique*, op.cit., p.519-33).

26. J. Lacan, "O aturdito", op.cit., p.494, ligeiramente modificado.
27. O livro *Gama* começa com *to on legetai pollakhos*, "o ser se diz de vários modos", e termina dando lugar ao livro *Delta*, nada menos que o primeiro dicionário de filosofia.
28. O "ganho de sentido e de coerência", que torna "necessária e legítima" a hipótese do inconsciente, é designado como tal em Freud, *Métapsychologie*, trad. J. Laplanche e J.-B. Pontalis, Paris, Gallimard, 1968, p.67 [S. Freud, "O inconsciente" [1915], *Edição Standard Brasileira das obras completas de Sigmund Freud* (*ESB*), vol.XIV, Rio de Janeiro, Imago, várias eds.]. Lacan segue o caminho inverso do de Freud em "O chiste". Na análise do "salmão com maionese", Freud passa do "nonsense que ganha aparência de sentido" (trad. M. Bonaparte e M. Nathan, Paris, Gallimard, 1930, p.79 [*Os chistes e sua relação com o inconsciente*, *ESB*, vol. VIII]) ao "sentido que há no nonsense", a saber, a verdade da pulsão (p.82 da ed. francesa). Em contrapartida, Lacan, em *O Seminário*, livro 4, *A relação de objeto* [1956-1957], Rio de Janeiro, Zahar, 1995, para comentar sonho e *Witz*, passa do "sentido novo" introduzido pela existência do significante ("um outro sentido", "criação de sentido", p.299-300) ao "nonsense fundamental de todo uso do sentido" (p.301). Comentei essa evolução em *L'Effet sophistique* (op.cit., p.386-408).
29. Ver no Capítulo 4, "O escrito e a verdade", de J. Lacan, *O Seminário*, livro 18, *De um discurso que não fosse semblante* [1971], Rio de Janeiro, Zahar, 2009, p.68: "… se vocês afirmarem que não se pode ao mesmo tempo dizer *sim* e *não* sobre o mesmo ponto, sairão ganhando. … Mas, se apostarem que é *sim* ou *não*, sairão perdendo". Só se sabe alguma coisa da verdade "quando ela se desencadeia", donde a ideia que as pessoas sérias (i.e., não perversas) têm de que a não existência da relação sexual é "idêntica" ao que se chama liberdade…
30. Contudo, na aula de 12 de janeiro de 1972 do seminário inédito *O Saber do psicanalista*, aponta-se claramente, com menção ao sofista, que os impasses da lógica abrem para o Real, a relação

sexual na medida em que não se escreve: "O Real se afirma, por um efeito que não se deve subestimar, ao se afirmar nos impasses da lógica … . Aproximamo-nos aí, num domínio que é aparentemente o mais seguro [a aritmética], do que se opõe à total apreensão do discurso, ao esgotamento lógico, o que introduz nele uma hiância irredutível. Isso é o que designamos como Real. … A borda da crítica – por que não dizer – está em que o sofista, a qualquer que enuncie o que é sempre enunciado como verdade, o sofista lhe demonstra que ele não sabe o que diz. Essa é, inclusive, a origem de toda dialética."

31. J. Lacan, *Le Séminaire*, livre XII, *Problèmes cruciaux pour la psychanalyse* [12 mai 1965].
32. Columbia University, Auditorium School of International Affairs, 1º dez 1975, J. Lacan, "Conférences et entretiens…", in *Scilicet*, n.6/7, p.49.
33. J. Lacan, *O Saber do psicanalista*, 4 nov 1971.
34. J. Lacan, "O aturdito", op.cit., p.492.
35. Eis o que precede: "Ele [Freud] não fazia ciência, estava produzindo certa prática que pode ser caracterizada como a última flor da medicina. Essa última flor encontrou refúgio aqui porque a medicina tinha meios tão variados de operar, totalmente catalogados de antemão, pautados como papel de música, que tinha de deparar com a existência de sintomas que não tinham nada a ver com o corpo, mas só com o fato de que o humano está afligido, por assim dizer, pela linguagem." Yale University, Kanzer Seminar, 24 nov 1975, J. Lacan, "Conférences et entretiens…", in *Scilicet*, n.6/7, p.18.
36. J. Lacan, *O Seminário*, livro 18, *De um discurso que não fosse semblante*, op.cit., p.76.
37. J. Lacan, "O aturdito", op.cit., p.458.
38. Aristóteles, *Gama*, de 1004 a 5-11, "alguns mal-educados", em 5, 1009 b 33-39, a galeria de todos os pais fundadores.
39. "O fato de eu enunciar a existência de um sujeito, postulando-a por um 'dizer não' à função proposicional Φx, implica que ela se

inscreve por um quantificador do qual essa função está cortada, por não ter nesse ponto nenhum valor de verdade que se possa notar, o que quer dizer tampouco de erro, pois o falso deve ser entendido apenas como *falsus*, como decaído, aspecto que já enfatizei." J. Lacan, "O aturdito", p.459.

40. "O melhor é eu fazer um esforço e mostrar a vocês como escrevo isso: *dit-mension*." Columbia University, 1º dez 1975, J. Lacan, "Conférences et entretiens...", in *Scilicet*, n.6/7, p.42.

41. Yale University, 29 set 1975, J. Lacan, "Conférences et entretiens...", in *Scilicet*, n.6/7, p.34.

42. Questions et réponses (Lacan no quadro-negro), Massachusetts Institute of Technology, 2 dez 1975, "Conférences et entretiens...", in *Scilicet*, n.6/7, p.60.

43. J. Lacan, "La troisième" [A terceira], 1º nov 1974, VII Congresso da École Freudienne de Paris em Roma. Conferência publicada em *Lettres de l'École Freudienne*, 1975, n.16, p.177-203.

44. J. Lacan, "O aturdito", op.cit., p.492.

45. Idem.

46. Idem.

47. J. Lacan, *O Seminário*, livro 17, *O avesso da psicanálise*, op.cit., p.191.

48. J. Lacan, *O Seminário*, livro 18, *De um discurso que não fosse semblante*, op.cit., p.101.

49. Ibid., p.126 (grifo meu). "Que não haja relação sexual, isso eu já fixei sob a forma de que não há nenhum modo de escrevê-la, atualmente" (p.77).

50. J. Lacan, *O Seminário*, livro 20, *Mais, ainda* [1972-1973], Rio de Janeiro, Zahar, 2008, p.40-1.

51. J. Lacan, *O Seminário*, livro 18, *De um discurso que não fosse semblante*, op.cit., p.139.

52. J. Lacan, "O aturdito", op.cit., p.491-2.

53. Ibid., p.496.

54. Quem primeiro chamou a atenção (a minha, em todo caso) para *den*, e quem primeiro interpretou o atomismo a partir dessa

invenção de Demócrito e contra a sua reescrita aristotélica, foi Heinz Wismann, em seus seminários e, por exemplo, em "Atomos idea", *Neue Hefte fur Philosophie*, XV-XVI, 1976, p.34-52.

55. P. Chantraine remete então a A.C. Moorhouse, *The Classical Quarterly*, 12, 1662, p.235-8.

56. Aqui, ele remete a M. Leumann, *Homerische Wörter*, 108.

57. Na outra grande passagem em que ele fala disso, J. Lacan, *Os quatro conceitos fundamentais da psicanálise* [1964], Rio de Janeiro, Zahar, 1985, p.68.

58. Primeira edição de Diels em 1903, com tradução alemã, modificada por Kranz em 1935, e desde então reimpressa sem alterações até nossos dias uma considerável quantidade de vezes (Weidmann, Dublin/Zurique). A tradução francesa (*Les présocratiques*, ed. estabelecida por J.-P. Dumont, com a colaboração de D. Delattre e J.-L. Poirier, Paris, Gallimard, 1988) é notoriamente não confiável, e a causa disso nem sempre é a dificuldade dos textos.

59. Para sentir o gostinho, pode-se ler meu artigo: "Transmettre la philosophie grecque. Construire l'origine", *Cahiers de la Villa Gillet*, n.10, nov 1999, Lyon, Circé, p.123-35.

60. É o fragmento B 156 DK de Demócrito, inserido no testemunho A 49 DK.

61. A 37 DK.

62. A diferença é usada no *Poema* de Parmênides (ver, por exemplo, meu comentário em *Parménide. Sur la nature ou sur l'étant, le grec, langue de l'être?*, Paris, Seuil, Col. Points-Bilingues, 1998, p.200-11).

63. O fato de se tratar de uma negação composta não deixa de produzir efeitos sobre a sintaxe do sentido: quando uma negação composta se segue a uma negação simples, a duplicação não equivale a uma afirmação, mas reforça a negação.

64. É difícil afirmar, na citação que Platão (em 237a) faz do fragmento VII e à qual devemos nosso conhecimento desse verso, se "não entes" é sujeito de um "é" ou predicado do ser; se devemos entender: "pois nunca se dominará isto: que não entes sejam",

ou então: "pois nunca se dominará isto: ser não entes". Sobre o conjunto das hipóteses de construção e de tradução, ver B. Cassin, *Parménide...*, op.cit., sobretudo p.179-80.

65. Platão, *O sofista*, 237b.
66. Homero, *Odyssée*, CUF, 1963[7], t.II, p.44, n2.
67. Homero, *Odyssée*, IX, v.364-367 (é, na verdade, um western).
68. Ibid., v.408.
69. O leitor pode consultar o quadro 4 ("Le 'ne' explétif français, une trace du *mê*" ["O 'ne' expletivo francês, um vestígio do *me*"]) em B. Cassin (org.), *Vocabulaire européen des philosophies*, op.cit., s.v. "Esti", p.427.
70. Homero, *Odyssée*, IX, v.410-414. A *metis* é, de fato, o significante-mestre do episódio. Ver seu reaparecimento quando Ulisses, muito mais adiante, exorta seu coração a ter paciência: "Qual não foi tua coragem, até que a *metis* me tirou daquele antro onde acreditei morrer!" (XX, v.20-21). Foi preciso, claro, acrescentar astúcia à astúcia e ainda ter a ideia de sair do antro atado sob o ventre das ovelhas.
71. Ibid., v.502-505.
72. "Ele não disse *hen* para não falar do *on*, o que disse ele? – ele disse, respondendo à questão que era a nossa hoje, a do idealismo, – *Nada, talvez? não – talvez nada, mas não nada.*" J. Lacan, *O Seminário*, livro 11, *Os quatro conceitos fundamentais da psicanálise*, op.cit., p.68.
73. J. Lacan, *O Seminário*, livro 19, *...ou pior* [1971-1972], Rio de Janeiro, Zahar, 2012, p.141.
74. Eis aqui a passagem completa de *Os quatro conceitos fundamentais da psicanálise* (p.67-8) que comentei de modo fragmentado: "...a *tiquê* nos traz de volta ao mesmo ponto em que a filosofia pré-socrática procurava motivar o próprio mundo.

   "Ela precisava de um *clinamen* em algum lugar. Demócrito – quando tentou designá-lo, já se colocando como adversário de uma pura função de negatividade por onde introduzir o pensamento – nos diz – *não é o meden que é essencial*, e acrescenta–

lhes mostrando que, desde o que uma de nossas alunas chamava a etapa arcaica da filosofia, a manipulação das palavras era utilizada exatamente como no tempo de Heidegger – *não é um meden, é um den*, o que, em grego, é uma palavra forjada. Ele não disse *hen* para não falar do *on*, o que disse ele? – ele disse, respondendo à questão que era a nossa hoje, a do idealismo, – *Nada, talvez? não – talvez nada, mas não nada*."

75. *Avec le plus petit et le plus inapparent des corps*. Escolhi esse pedacinho de frase sofístico-atomístico-lacanoide para batizar uma coletânea de novelas [Fayard, 2007], esperando que elas funcionem como passageiro clandestino da filosofia ou, melhor, passageiras clandestinas.

76. Aristóteles, *Metafísica*, A, 985b, 13-19. A comparação com as letras verifica-se no contexto do *De generatione et corruptione* a título de exemplo da plasticidade das ligações entre átomos: "Com efeito, são as mesmas letras que produzem a tragédia e a comédia" (I, 2, 315b, 14s.).

77. J. Lacan, *O Seminário*, livro 20, *Mais, ainda*, op.cit., p.77. Os grifos são meus.

78. J. Lacan, *Le Séminaire*, livre IX, *L'Identification* [6 dez 1961].

79. J. Lacan, *O Seminário*, livro 18, *De um discurso que não fosse semblante*, op.cit., p.42.

80. J. Lacan, *O Seminário*, livro 20, *Mais, ainda*, op.cit., p.77.

Post-scriptum (p.57-60)

1. A. Badiou, *L'Antiphilosophie de Wittgenstein*, Caen, Nous, 2009, p.79; J. Lacan, *O Seminário*, livro 17, *O avesso da psicanálise* [1969-1970], Rio de Janeiro, Zahar, 1992, p.63.

2. J. Lacan, "O aturdito", in *Outros escritos*, Rio de Janeiro, Zahar, 2003, p.451; Alain Badiou, no presente volume, p.63.

3. Parafraseando Camille Morineau, responsável pela notável exposição elles@centrepompidou: "Embora o Museu exponha apenas

mulheres, o objetivo não é nem demonstrar que existe uma arte feminina, nem produzir um objeto feminista, mas que, aos olhos do público, essa exibição se pareça com uma bela história da arte do século XX" (C. Morineau, "Elles@centrepompidou: un appel à la différence", em C. Morineau, C. Debray et al., *elles@centre-pompidou: artistes femmes dans la collection du Musée National d'Art Moderne*, Paris, Centre Pompidou, 2009, p.16).

4. J. Lacan, *O Seminário*, livro 17, *O avesso da psicanálise*, op.cit., p.57.

Coleção Transmissão da Psicanálise

Não há relação sexual
Alain Badiou

Fundamentos da Psicanálise de Freud a Lacan
(3 volumes)
Marco Antonio Coutinho Jorge

Transexualidade
Marco Antonio Coutinho Jorge; Natália Pereira Travassos

Por Amor a Freud
Hilda Doolittle

A Criança do Espelho
Françoise Dolto e J.-D. Nasio

O Pai e sua Função em Psicanálise
Joël Dor

Introdução Clínica à Psicanálise Lacaniana
Bruce Fink

A Psicanálise de Crianças e o Lugar dos Pais
Alba Flesler

Freud e a Judeidade
Betty Fuks

A Psicanálise e o Religioso
Phillipe Julien

O Que É Loucura?
Simplesmente Bipolar
Darian Leader

5 Lições sobre a Teoria de Jacques Lacan
9 Lições sobre Arte e Psicanálise
Como agir com um adolescente difícil?
Como Trabalha um Psicanalista?
A Dor de Amar
A Dor Física
A Fantasia
Os Grandes Casos de Psicose
A Histeria
Introdução à Topologia de Lacan
Introdução às Obras de Freud, Ferenczi, Groddeck, Klein, Winnicott, Dolto, Lacan
Lições sobre os 7 Conceitos Cruciais da Psicanálise
O Livro da Dor e do Amor
O Olhar em Psicanálise
Os Olhos de Laura
Por que repetimos os mesmos erros?
O Prazer de Ler Freud
Psicossomática
O Silêncio na Psicanálise
Sim, a Psicanálise Cura!
J.-D. Nasio

Guimarães Rosa e a Psicanálise
Tania Rivera

A Análise e o Arquivo
Dicionário amoroso da psicanálise
Freud – Mas Por Que Tanto Ódio?
Lacan, a despeito de tudo e de todos
O Paciente, o Terapeuta e o Estado
A Parte Obscura de Nós Mesmos
Retorno à Questão Judaica
Sigmund Freud na sua época e em nosso tempo
Elisabeth Roudinesco

O Inconsciente a Céu Aberto da Psicose
Colette Soler

1ª EDIÇÃO [2013]

ESTA OBRA FOI COMPOSTA POR MARI TABOADA EM META PRO E MINION PRO E IMPRESSA PELA UMLIVRO EM PROCESSO DE IMPRESSÃO SOB DEMANDA SOBRE PAPEL OFFSET DA SUZANO S.A. PARA A EDITORA SCHWARCZ A PARTIR DE MAIO DE 2020

FSC
www.fsc.org
MISTO
Papel produzido a partir de fontes responsáveis
FSC® C128038

A marca FSC® é a garantia de que a madeira utilizada na fabricação do papel deste livro provém de florestas que foram gerenciadas de maneira ambientalmente correta, socialmente justa e economicamente viável, além de outras fontes de origem controlada.